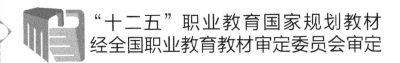

"十二五"职业教育国家规划教材
经全国职业教育教材审定委员会审定

城市轨道交通概论

王建立 刘 亚 主 编
罗怀英 黄 珊 副主编
李 聪 主 审

人民交通出版社股份有限公司
北 京

内 容 提 要

本书为"十二五"职业教育国家规划教材、职业教育城市轨道交通类专业教材。本书共4个模块，分别为城市轨道交通总体认知、城市轨道交通规划设计与施工建设、城市轨道交通设施设备构成、城市轨道交通运营管理。

本书配套丰富的教学资源，请有需求的教师通过加入职教轨道教学研讨群（QQ群：129327355）获取。本书可作为职业教育城市轨道交通类专业教材，还可以作为城市轨道交通行业从业人员的参考读物。

图书在版编目(CIP)数据

城市轨道交通概论/王建立，刘亚主编. —北京：人民交通出版社股份有限公司，2022.12

ISBN 978-7-114-18052-1

Ⅰ.①城… Ⅱ.①王… ②刘… Ⅲ.①城市铁路—轨道交通—职业教育—教材 Ⅳ.①U239.5

中国版本图书馆 CIP 数据核字(2022)第 105273 号

"十二五"职业教育国家规划教材
Chengshi Guidao Jiaotong Gailun

书　　名：	城市轨道交通概论
著 作 者：	王建立　刘　亚
责任编辑：	钱　堃
责任校对：	赵媛媛
责任印制：	刘高彤
出版发行：	人民交通出版社股份有限公司
地　　址：	(100011) 北京市朝阳区安定门外外馆斜街3号
网　　址：	http://www.ccpcl.com.cn
销售电话：	(010) 59757973
总 经 销：	人民交通出版社股份有限公司发行部
经　　销：	各地新华书店
印　　刷：	北京虎彩文化传播有限公司
开　　本：	787×1092　1/16
印　　张：	12.25
字　　数：	275千
版　　次：	2022年12月　第1版
印　　次：	2024年2月　第2次印刷
书　　号：	ISBN 978-7-114-18052-1
定　　价：	40.00元

(有印刷、装订质量问题的图书，由本公司负责调换)

前言

课程定位

城市轨道交通概论课程属于城市轨道交通专业群的专业必修课程,也是该专业群的主要专业基础课程之一。本书全方位、多角度介绍了城市轨道交通系统(简称"城市轨道交通")的基本内容,包含城市轨道交通总体认知、城市轨道交通规划设计与施工建设、城市轨道交通设施设备构成、城市轨道交通运营管理共4个模块,旨在让专业群学生系统了解城市轨道交通系统,进而培养学生专业兴趣,树立职业理想,同时也为后续专业课程的学习奠定基础,为学生毕业后从事城市轨道交通系统生产或管理工作创造条件。

教材特色

1. 贯彻职教理念,岗课赛证融通

本书贴近职业院校学生的认知特点,基于模块化教学设计编写,在编写过程中突出职业教育特点及实用性,融入岗位技能要求、教学改革成果、技能大赛赛项要求、"1+X"职业技能等级证书技能要求,强调以学生为中心,融入课程思政内容。

2. 教学设计先进,紧跟行业发展

本书采用模块化教学设计,做到简单内容引导学、重点内容突出讲、难点内容拓展学。本书内容和数据紧跟城市轨道交通行业发展,新工艺、新技术等体现明显。

3. 内容图文并茂,配套资源丰富

本书包含大量图片,内容生动直观,既可作为城市轨道交通专业基础教材,也可作为城市轨道交通专业科普图书。本书配套课件、视频二维码等丰富助学助教资源。

4. 已印刷活页孔,方便活页式装订

为更好地贯彻执行《国家职业教育改革实施方案》(国发〔2019〕4号)中"倡导使用新型活页式、工作手册式教材并配套开发信息化资源"的理念,全书印刷了活页孔位置,教师和学生可根据自身需求,将教材拆分打孔后放入B5纸张9孔型标准活页夹或活页环,装订成活页式教材使用。

编写分工

本书由北京铁路电气化学校王建立、广州市交通运输职业学校刘亚共同担任主编,江西交通职业技术学院黄珊担任副主编。教材具体分工为:王建立编写模块1,

刘亚编写模块 2 及模块 3 中车辆、信号、通信、机电设备相关内容与全书学习任务单，罗怀英编写模块 3 中线路、车站、供电相关内容，黄珊编写模块 4。全书由刘亚统稿，由广州地铁集团有限公司李聪担任主审。

致　谢

在本书编写过程中，编者得到了广州、深圳、武汉等城市的地铁企业以及广州中车轨道装备有限公司等单位在技术资料方面的支持，在此表示感谢！同时，在编写过程中，编者参考了大量专业书籍、期刊和学位论文等，在此对相关作者表示衷心的感谢！

由于编者水平有限，书中难免存在不足之处，敬请读者批评指正。

编　者

2022 年 3 月

"岗课赛证" 融通

"岗"——国家职业技能标准相关工种岗位技能要求在教材中的融入

国家职业技能标准相关工种/岗位技能要求	站务员 五级/初级工 行车组织与施工组织	站务员 五级/初级工 客运与服务	站务员 五级/初级工 票务运作	站务员 五级/初级工 应急情况处理	站务员 四级/中级工 行车组织与施工组织	站务员 四级/中级工 客运与服务	站务员 四级/中级工 票务运作	站务员 四级/中级工 应急情况处理	站务员 三级/高级工 票务运作	行车值班员 五级/初级工 行车组织与施工组织	行车值班员 五级/初级工 客运与服务	行车值班员 五级/初级工 票务运作	行车值班员 五级/初级工 应急情况处理	行车值班员 四级/中级工 客运与服务	行车值班员 四级/中级工 票务运作	城市轨道交通列车司机 五级/初级工 列车操纵	城市轨道交通列车司机 五级/初级工 列车故障处理	城市轨道交通列车司机 五级/初级工 非正常行车及突发事件应急处置	城市轨道交通列车司机 四级/中级工 列车操纵	城市轨道交通列车司机 四级/中级工 列车故障处理	城市轨道交通列车司机 四级/中级工 非正常行车及突发事件应急处置	城市轨道交通列车司机 四级/中级工 数据操作	轨道交通信号工 五级/初级工 机务信号设备维护	轨道交通信号工 五级/初级工 中央信号设备维护	轨道交通信号工 五级/初级工 车载信号设备维护	轨道交通信号工 四级/中级工 机务信号设备维护	轨道交通信号工 四级/中级工 中央信号设备维护	轨道交通信号工 四级/中级工 车载信号设备维护
模块1 1.1		√																										
模块2 2.1		√				√					√			√														
2.2	√				√					√																		
2.3	√				√																							
模块3 3.1				√									√					√					√					
3.2								√					√				√			√								
3.3			√	√			√	√	√			√	√		√	√		√			√		√	√		√	√	√
3.5		√	√	√		√	√	√			√	√	√		√				√		√			√	√	√	√	√
3.6		√	√			√	√				√	√			√							√		√	√		√	√
3.7		√	√	√		√	√	√			√	√	√		√									√				√

I

"岗"——国家职业技能标准相关工种/岗位技能要求在教材中的融入

国家职业技能标准相关工种/岗位技能要求	站务员								行车值班员						城市轨道交通列车司机							轨道交通信号工					
	五级/初级工				四级/中级工				三级/高级工	五级/初级工			四级/中级工		五级/初级工			四级/中级工				五级/初级工			四级/初级工		
	行车组织与施工组织	客运与服务	票务运作	应急情况处理	行车组织与施工组织	客运与服务	票务运作	应急情况处理	票务运作	客运与服务	票务运作	应急情况处理	客运与服务	票务运作	列车操纵	列车故障处理	非正常行车及突发事件应急处置	列车操纵	列车故障处理	非正常行车及突发事件应急处置	救援作业	轨旁信号设备维护	中央信号设备维护	车载信号设备维护	轨旁信号设备维护	中央信号设备维护	车载信号设备维护
模块4 4.1	√																										
4.2	√				√																						
4.3	√				√																						
4.4				√				√				√				√	√		√	√	√						

"课"——教学改革在教材中的融入

教师活动	学生活动	教学意图
1. 组织教学;	1. 起立致礼,考勤;	1. 德育及行为教育;
2. 复习引旧:复习课程整体框架、课程标准、课程学习要求和考核要求;	2. 展示预习成果,讨论并回答问题,记分;	2. 帮助学生养成复习、预习的习惯;
3. 课程导入:案例引入、创设工作情境,引导学生明确课程学习目标与重难点;	3. 分析案例,明确课程学习目标;	3. 通过案例引入和工作情境创设,激发学生学习动机,明确学习目标与任务;
4. 学习新课:理论讲授、任务引领、实物图片、模具展示、实操演练等;	4. 小组合作自主完成课程学习任务,完成学习任务单;	4. 通过图片展示激发学生的学习兴趣,引导学生理解本任务内容,发现学习难点;通过小组能力和小组协作能力,引导合作完成课程任务,培养学生自主学习能力;通过实操训练,帮助学生掌握专业技能;针对问题调整教学策略;
5. 课堂小结:总结知识点和技能点;	5. 用思维导图总结学习内容;	5. 帮助学生形成归纳总结的能力
6. 考核评价:考核课堂表现与任务实施效果,布置课后作业与拓展任务	6. 课后完成作业及预习任务,对课程学习效果进行自我评价	

"赛"——职业技能大赛赛项要求在教材中的融入

职业技能大赛	城市轨道交通行车值班员职业技能大赛									城市轨道职业技能大赛司机职业技能大赛			城市轨道交通行车值班员（信号）职业技能大赛					轨道车辆技术职业技能大赛			
	职业道德		理论知识							技能模块			理论知识					理论知识			
			基本要求						相关知识												
			基础知识																		
	职业道德基本知识	职业守则	行车安全等基础知识	列车运行图等基础知识	客运组织基础知识	设备设施故障等特殊情况下的应急处置	突发事件应急处置等知识	票务管理知识	站厅火灾（A/B端）	社会责任与职业道德	城市轨道交通安全基础知识	城市轨道交通乘务管理知识	社会责任与职业道德	安全基础知识	乘客服务知识	行车组织知识	安全规章制度	受电弓的检修与控制	客室车门的安装与调试	车辆转向架检修	车辆整车故障排查与处理
模块1 1.1	√																				
模块3 3.1		√	√													√					
3.2				√	√			√	√					√	√	√					
3.3						√	√					√									
3.4						√				√							√				
3.5						√												√	√	√	√

"赛"——职业技能大赛赛项要求在教材中的融入

职业技能大赛		城市轨道交通行车值班员职业技能大赛									城市轨道交通列车司机职业技能大赛			城市轨道交通行车值班员（信号）职业技能大赛					机道车辆技术职业技能大赛			
		职业道德		基本要求						相关知识	技能模块			理论知识					理论知识			
				理论知识																		
				基础知识																		
		职业道德基本知识	职业守则	行车安全等基础知识	列车运行图等基础知识	客运组织基础知识	设备设施故障等特殊情况下的应急处置	突发事件应急处置等知识	票务管理知识	站厅火灾（A/B端）	社会责任与职业道德	城市轨道交通安全基础知识	城市轨道交通乘务管理知识	社会责任与职业道德	安全基础知识	乘客服务知识	行车组织知识	安全规章制度	受电弓的检修与控制	客室车门的安装与调试	车辆转向架检修	车辆整车故障排查与处理
模块3	3.6							√														
	3.7						√	√	√													
模块4	4.1			√	√	√						√										
	4.2					√							√			√						
	4.3		√										√		√	√	√					
	4.4	√															√	√				√

"证"——"1+X"职业技能等级证书技能要求在教材中的融入（一）

"1+X"职业技能等级证书	城市轨道交通站务 初级/中级				城市轨道交通乘务 初级/中级				轨道交通车辆机械维护 初级/中级			轨道交通车辆检修 初级/中级			城市轨道交通通信设备维护 初级/中级									
技能要求	行车组织及施工组织	客运服务	票务运作	应急情况处理	列车运行与操作	列车故障处理	应急情况处理	运作支持	轨道交通车辆车体及主要设备的维护	轨道交通车辆转向架的维护	制动与风源系统的维护	车辆机械系统检查	车辆牵引系统检查	车辆辅助系统检查	通信线路维护	传输系统维护	网络交换系统维护	无线集群系统维护	公务/专用电话系统维护	广播系统维护	时钟系统维护	CCTV视频监控系统维护	PIS乘客信息系统维护	电源系统维护
模块2 2.3	√																							
3.3		√	√		√																			
模块3 3.5				√		√	√		√	√	√	√	√	√	√	√	√	√	√	√	√	√	√	√
3.7		√		√																				
模块4 4.1								√																
4.2	√	√																						
4.3	√																							
4.4				√																				

"1+X"职业技能等级证书技能要求在教材中的融入（二）

"1+X"职业 技能等级证书		城市轨道交通信号检修			城市轨道交通接触网维护			城市轨道交通变电检修					城市轨道交通线路维护					
		初级/中级			初级/中级			初级/中级					初级					
技能要求		轨旁信号设备维护	ATS系统设备维护	车载信号设备维护	接触网巡视	接触网检测	接触网小修	变电基本技能	设备巡检	设备维护	故障应急处理	设备倒闸操作	线路标志作业	巡道作业	检查作业	线路基本作业	钢轨及联结零件作业	轨枕、道床及路基作业
模块3	3.1	✓											✓	✓	✓	✓	✓	✓
	3.2		✓															
	3.3			✓	✓	✓	✓	✓	✓	✓	✓	✓						
	3.4		✓						✓	✓	✓							
	3.6								✓	✓								
模块4	4.3										✓							
	4.4																	

数字资源二维码

序号	名称	页码	序号	名称	页码
1	转向架	74	15	ATP系统速度防护	105
2	牵引供电系统	90	16	ATO系统作用和构成	105
3	架空柔性接触网和架空刚性接触网	91	17	通信系统	107
4	接触轨结构	91	18	公务电话系统	109
5	接触轨形式	91	19	广播系统	110
6	连续式和点式ATC系统	95	20	视频监控系统	113
7	色灯信号机	96	21	消防设备的使用	126
8	道岔与转辙机	97	22	列车交路	140
9	轨道电路	97	23	列车运行图（一）	142
10	计轴器	98	24	列车运行图（二）	142
11	应答器	98	25	城市轨道交通车辆的日检作业流程	147
12	联锁	99	26	应急预案（一）	154
13	闭塞	102	27	应急预案（二）	154
14	ATP系统构成	105			

目录

"岗课赛证" 融通 …………………………………………………… I
数字资源二维码 …………………………………………………… Ⅶ

模块 1　城市轨道交通总体认知 /1

1.1　从建设意义浅谈城市轨道交通 ……………………………… 3
1.2　从多样制式认识城市轨道交通 ……………………………… 7
1.3　从发展演变了解城市轨道交通 ……………………………… 16

模块 2　城市轨道交通规划设计与施工建设 /21

2.1　从规划到运营看城市轨道交通的全生命周期 ……………… 23
2.2　从宏观到微观看城市轨道交通的规划与设计 ……………… 27
2.3　从勘察到施工看城市轨道交通的建设 ……………………… 35

模块 3　城市轨道交通设施设备构成 /43

3.1　运行轨迹之线路 ……………………………………………… 46
3.2　乘客中心之车站 ……………………………………………… 57
3.3　运载工具之车辆 ……………………………………………… 69
3.4　"动力心脏"之供电 ………………………………………… 86
3.5　隐形司机之信号 ……………………………………………… 94
3.6　隐形桥梁之通信 ……………………………………………… 106
3.7　智能联动之机电设备 ………………………………………… 119

模块 4　城市轨道交通运营管理 /133

  4.1　城市轨道交通运营管理概述 ··· 135
  4.2　城市轨道交通行车管理 ··· 139
  4.3　城市轨道交通设备维修管理 ··· 147
  4.4　城市轨道交通安全管理 ··· 151

参考文献　/161

附录　/163

  附录1　模块1学习任务单 ·· 165
  附录2　模块2学习任务单 ·· 167
  附录3　模块3学习任务单（一） ··· 169
  附录4　模块3学习任务单（二） ··· 171
  附录5　模块3学习任务单（三） ··· 173
  附录6　模块3学习任务单（四） ··· 175
  附录7　模块3学习任务单（五） ··· 177
  附录8　缩略语对照表 ··· 179

模块 1

城市轨道交通总体认知

📖 知识目标

(1) 了解发展城市轨道交通的必要性；
(2) 熟悉常见城市轨道交通的类型及各类型的特点；
(3) 了解国内城市轨道交通的建设情况。

🎯 能力目标

(1) 能简述城市轨道交通对城市发展的作用；
(2) 能区别各类型城市轨道交通并能说出其运用实例；
(3) 能说出国内外典型城市轨道交通的特点与建设状况；
(4) 培养对城市轨道交通的学习兴趣。

👤 素质目标

(1) 初步树立对城市轨道交通行业的认同感和职业自信；
(2) 初步培养城市轨道交通国际视野。

📖 建议学时

6 学时。

📋 模块任务

请学习本模块内容，完成书末附录 1 模块 1 学习任务单。

👥 学习分组

建议学习者组建学习小组，制订学习计划，共同完成相关任务。

姓　名	学　号	分　工	备　注	学习计划
			组长	

任务准备

引导问题1 《关于进一步加强城市轨道交通规划建设管理的意见》(国办发〔2018〕52号)指出,申报建设地铁的城市一般公共财政预算收入应在300亿元以上,地区生产总值在3000亿元以上,市区常住人口在(　　)万人以上。

　　A. 100　　　　　　B. 200　　　　　　C. 300　　　　　　D. 400

引导问题2 线路单向运输能力15000～30000人次/h,属于(　　)轨道交通系统。

　　A. 高运量　　　　B. 大运量　　　　C. 中运量　　　　D. 低运量

引导问题3 通常单向运输能力5万～7万人次/h的城市轨道交通系统选择(　　)。

　　A. A型车　　　　B. B型车　　　　C. C型车　　　　D. L型车

引导问题4 世界上第一条地铁在_____年建于_____。

引导问题5 我国北京第一条地铁于_____年建成通车。

引导问题6 单轨系统通常分为_____式和_____式两种。

引导问题7 自动导向轨道系统属于胶轮导轨系统,车辆有_____轮和_____轮。

引导问题8 城市轨道交通按照技术特征不同可分为哪些类型?

引导问题9 城市轨道交通的定义及构成要素是什么?

引导问题10 城市轨道交通的特点有哪些?

知识储备

1.1 从建设意义浅谈城市轨道交通

一 城市轨道交通的作用

随着社会经济的高速发展,城市面貌日新月异,城市化进程不断加快,城市人口不断增加,城区面积不断扩大,随之而来的交通、环境、资源等问题日益凸显(图1-1-1),这些问题严重制约了城市的发展。作为解决交通问题的有效途径,优先发展城市轨道交通已成为全世界许多国家的共识。

a)交通拥堵　　　　　　　　　　b)环境污染

图1-1-1　城市交通引发的问题

城市轨道交通的作用包括缓解交通压力、减少城市资源的浪费、保护环境等,具体如下:

(1)缓解城市交通压力。与城市道路交通相比,具有快捷、安全、大运量等特点的城市轨道交通为城市居民提供了安全、快速、舒适的交通环境,能及时疏散大量人群,提高路网区域的可达性,引导人们往城市周围分散居住,促进城市结构的改变,从而缓解城市交通的压力。

(2)保护环境,满足人们安全、准点的出行要求。城市轨道交通采取电力牵引,其运行时对环境的影响除噪声、振动及电磁波污染外,对大气的污染很小,是十分"清洁"的公共交通系统。城市轨道交通具有低能耗、无污染、安全的特点,这对于改善城市环境、扩大城市环境容量起着极为重要的作用,对于建立新型生态城市结构具有重要的现实意义。城市轨道交通自动化程度高,具有安全、高效的控制系统,能较大程度保证车辆安全、准点运行。

(3)节约资源,降低能耗。城市轨道交通线路在用地紧张的城市区域多采用地下线路,节约用地。此外,国内外城市轨道交通发展经验证实,城市轨道交通的人均能源消耗量低于公共汽车、私人小汽车。采取城市轨道交通出行有益于节约能源与保护环境,有益于城市发展、人口增长与自然环境的和谐统一。

(4)改善城市交通现状、保持城市可持续发展。城市轨道交通的规划、建设和运营,可改变城市和郊区的时空关系,可使城市规模不断扩大。在城市轨道交通大客流的拉动下,线路两侧得到快速发展,导致城市沿着轨道交通线路轴向发展,进而使城市中心延伸和多样化发展,城市的结构也随着轨道交通的发展而不断变化。因此城市规划要重视交通规划和用地规划。城市规划可结合城市的定位、地理结构、人文景观、人口数量、用地规模等,规划城市轨道交通使其适应现代化城市的发展。

(5)拉动城市产业的发展。城市轨道交通是一个系统工程,涉及的行业较多,如轨道交通装备行业、建筑行业等。城市轨道交通项目可拉动城市产业发展,提高城市人口的就业率,推动城市经济发展。

(6)可以作为战备防空、突发事件的避难场所。我国对于城市轨道交通人防功能的定位是"以交通为主,实现人防及地下空间综合开发等多功能相结合"。城市轨道交通规划、设计以及建设要遵照相关国家标准及规范开展,与周边的人防工程和人防通道合理连通。城市轨道交通平时主要以交通功能为主,在战争等特殊情况下,可作为市民的避难场所,也可作为战备物资的运输通道。城市轨道交通庞大的地下网络不仅增加了整个城市区域人防系统的连通性,而且车站的众多出入口又能够增加网络的辐射范围,可提高大城市的总体防灾减灾能力。

二 城市轨道交通的定义

城市轨道交通是指采用专用轨道导向运行的城市公共客运交通系统,是依据城市交通总体规划的要求,设置全封闭或部分封闭的专用轨道线路,以列车或单车形式,运送一定规模客流量的公共交通方式。城市轨道交通的构成要素包括城市轨道交通的工作范围、工作基础、工作工具和工作服务对象等,如图1-1-2所示。

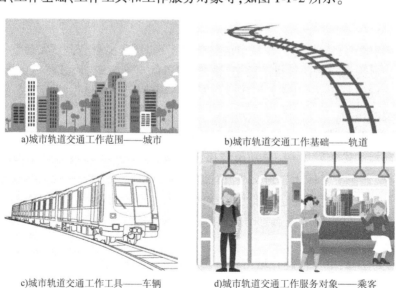

a)城市轨道交通工作范围——城市　　b)城市轨道交通工作基础——轨道

c)城市轨道交通工作工具——车辆　　d)城市轨道交通工作服务对象——乘客

图1-1-2　城市轨道交通的部分部分构成要素

城市轨道交通是城市公共交通(图1-1-3)的重要组成部分,随着城市的发展壮大,城市轨道交通发挥着越来越重要的作用。

模块1 城市轨道交通总体认知

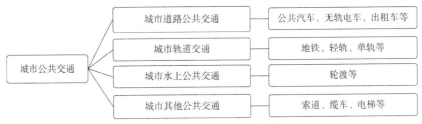

图 1-1-3 城市公共交通的组成

三、城市轨道交通的特点

城市轨道交通与其他交通方式相比,特点十分鲜明,其突出特点包括:

(1) 大部分是列车编组运行,多采用 4~8 节编组,运量大。
(2) 具有良好的线路条件与控制体系,速度快,运行准时,基本不会发生堵车现象。
(3) 采用电力牵引,污染少,动力强。
(4) 可采用地下和高架敷设方式,占地面积小。
(5) 采用全隔离或半隔离的路权方式,安全性高,可靠性强。
(6) 具有良好的环境控制体系和候车环境,乘车舒适性高。
(7) 建设投资大,运营成本高,投资回报慢,盈利能力低。目前国内地铁的造价一般为 5 亿~10 亿元/km,建设周期为 4~5 年。城市轨道交通造价受地质条件、线路周边环境、车站数量、敷设方式、建设周期等因素的影响。目前国内大部分地铁线路的造价为 5 亿~10 亿元/km,建设周期为 4~5 年。部分城市轨道交通线路(2017—2023年)造价如表 1-1-1 所示。

如果按照当前国内城市轨道交通运行模式和财务成本核算,每开通 1km 轨道交通线路,需每年补贴 400 万~900 万元,而大部分城市轨道交通主要依赖于政府补贴。但随着"城市轨道交通+物业"开发模式的应用,部分城市轨道交通在长期运营后进入盈利期。表 1-1-2 为 2019 年 16 家城市轨道交通公司营业总收入排名表,由表可知大部分公司在收支平衡线上,深圳市地铁集团有限公司净利润最高。图 1-1-4 为 2006—2019 年深圳市地铁集团有限公司历年营业总收入及净利润。深圳市地铁集团有限公司是在采用"地铁+物业"的模式运营后开始大幅度盈利的。

部分城市轨道交通线路(2017—2023年)造价表　　　　表 1-1-1

序号	线　别	起　始　点	线路长度 (km)	车站 (座)	总投资 (亿元)	建设期限 (年)	平均造价 (亿元/km)
1	三号线东延段	番禺广场—海傍	9.6	4	56.98	2019—2022	5.94
2	五号线东延段	文冲—黄埔客运港	9.7	6	78.62	2018—2022	8.11
3	七号线二期	大学城南—水西北	21.8	11	162.35	2018—2022	7.45
4	八号线北延段	白云湖—广州北站	20	9	150.83	2019—2023	7.54
5	十号线	石牌桥—西塱	19.9	14	210.88	2078—2022	10.60
6	十二号线	浔峰岗—大学城南	37.6	25	351.2	2018—2023	9.34
7	十三号线二期	朝阳—鱼珠	33.6	23	370.75	2017—2021	11.03
8	十四号线二期	广州火车站—嘉禾望岗	11.6	7	94.94	2017—2021	8.18

续上表

序号	线 别	起 始 点	线路长度(km)	车站(座)	总投资(亿元)	建设期限(年)	平均造价(亿元/km)
9	十八号线	万顷沙—广州东站	62.5	9	460.51	2017—2020	7.37
10	二十二号线	番禺广场—白鹅潭	31.8	6	258.65	2017—2020	8.13

2019 年国内 16 家地铁公司营业总收入及净利润排名 表 1-1-2

排 名	地铁公司名称	营业总收入(亿元)	净利润(亿元)
1	深圳市地铁集团有限公司	209.90	116.67
2	广州地铁集团有限公司	122.34	10.44
3	杭州市地铁集团有限责任公司	66.99	12.65
4	苏州市轨道交通集团有限公司	52.75	0.03
5	成都轨道交通集团有限公司	40.59	0.27
6	宁波市轨道交通集团有限公司	28.67	0.23
7	南京地铁集团有限公司	28.63	2.75
8	重庆市轨道交通集团有限公司	26.00	0.01
9	西安市轨道交通集团有限公司	20.50	0.39
10	天津轨道交通集团有限公司	20.17	5.11
11	长沙市轨道交通集团有限公司	18.04	3.35
12	沈阳地铁集团有限公司	10.57	0.11
13	南昌轨道交通集团有限公司	8.99	7.83
14	郑州地铁集团有限公司	8.49	9.68
15	上海申通地铁集团有限公司	6.59	0.68
16	昆明轨道交通集团有限公司	4.81	2.04

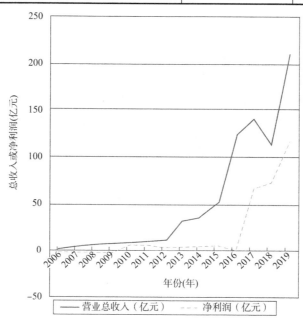

图 1-1-4 2006—2019 年深圳市地铁集团有限公司历年营业总收入及净利润

1.2 从多样制式认识城市轨道交通

一 城市轨道交通的分类

城市轨道交通经过了一个多世纪的发展,形成了多种多样的类型,虽然各个国家对城市轨道交通的分类方法不一致,但归纳起来,城市轨道交通系统(或线路)可以从运营范围、运输能力、路权专用程度、敷设方式、支撑和导向方式几个方面进行分类。

(1)按运营范围划分,城市轨道交通系统主要可以分为市区轨道交通、市域轨道交通及市郊铁路三类。

市区轨道交通是指以城区为主要服务范围的城市轨道交通系统,如地铁、轻轨一般都属于此类。而市域轨道交通是指覆盖城市市域范围的城市轨道交通系统。这类系统在各国的名称不尽相同,如广州地铁18号线(图1-2-1)、广州地铁22号线、法国巴黎的RER线、德国的S-Bahn线路、美国的区域快速轨道交通线路等。市郊铁路是在技术特征上接近铁路的一种城市轨道交通类型,也被称为通勤铁路,主要服务于城市市域和邻近地区,服务区域涉及两个或多个行政区,如广清城际铁路(图1-2-2)。

图1-2-1 广州地铁18号线

图1-2-2 广清城际铁路

(2)按运输能力(城市轨道交通系统单位时间内单向运输能力,通常以单向小时断面运输量表示)划分,城市轨道交通系统可分为3种量级4个类别,如表1-2-1所示。

按运输能力划分的城市轨道交通类型及其单向运输能力　　表1-2-1

序号	量级	类别	单向运输能力
1	高运量	Ⅰ	4.5万~7万人次/h
2	大运量	Ⅱ	2.5万~5万人次/h
3	中运量	Ⅲ	1.5万~3万人次/h
		Ⅳ	1万~2万人次/h

对于不同运输能力等级,城市轨道交通系统要使线路的路权、敷设方式、车辆选型和编组、信号设备、机电设备配置等与运输能力等级匹配。

(3)按路权专用程度划分,城市轨道交通系统可分为全封闭系统、不封闭系统和部分封闭系统三种,如图1-2-3所示。

a)全封闭系统　　　　　　　　　　b)不封闭系统

c)部分封闭系统

图 1-2-3　按路权专用程度划分的城市轨道交通系统类型

其中,全封闭系统与其他交通方式完全隔离,不受其他交通方式的干扰,具有独立路权,地铁就属于此类。不封闭系统也称开放式系统,不实行物理上的封闭,轨道交通与路面交通混合行驶,在交叉口遵循道路交通信号或享有一定的优先权,有轨电车就属于此类。部分封闭系统一般在线路区间采用物理措施与其他交通方式隔离,在全部交叉口或部分交叉口与其他交通方式混行,在交叉口设置城市轨道交通优先信号,轻轨系统大多属于此类。

(4)按敷设方式划分,城市轨道交通线路可分为地下线、地面线和高架线三种,如图 1-2-4 所示。

a)地下线　　　　　　　　　　b)地面线

c)高架线

图 1-2-4　按敷设方式划分的城市轨道交通线路类型

要注意的是,在实际城市轨道交通工程项目中,同一条线路可能会同时存在不同的敷设方式,也可能只有一种敷设方式。如北京地铁 13 号线就存在地下、地面和高架三种敷设方式。

(5)按支撑和导向方式划分,城市轨道交通系统可分为钢轮钢轨系统、胶轮导轨系统和磁浮系统三种,如图 1-2-5 所示。

a)钢轮钢轨系统

b)胶轮导轨系统

c)磁浮系统

图 1-2-5　按支承和导向方式划分的城市轨道交通系统类型

钢轮钢轨系统一般导向轮与支承轮合一;车辆采用电力牵引;轨道采用钢轨,有支承和导向作用,能敷设在地面、隧道、高架桥上,承载能力大,适用范围广。如大部分地铁都属于钢轮钢轨系统等。

胶轮导轨系统的线路一般设置在高架桥上;车辆走行轮为胶轮,走行在轨道混凝土梁面上,起支承作用;车辆导向轮也是胶轮,与导向板或导向槽一起对车辆起导向和稳定作用。如重庆的跨座式单轨系统、广州的旅客捷运系统(APM 线)等都属于胶轮导轨系统。

磁浮系统利用电磁力实现列车与轨道之间的无接触的悬浮(支撑)和导向。磁浮系统与传统的钢轮钢轨系统有着本质的区别,是一种新兴的交通系统,可分为高速磁浮(上海浦东机场磁浮线)与中低速磁浮(长沙机场磁浮快线)两类。

二　城市轨道交通的技术制式

虽然城市轨道交通可以从专业技术角度按照运营范围、运输能力、路权专用程度、敷设方式、支撑和导向方式等多个方面进行较为细致的分类,但这对于不熟悉城市轨道交通专业的决策者和使用者来说，不容易理解和交流，所以通常按照技术制式把城市轨道交通分成地铁系统、轻轨系统、单轨系统、有轨电车系统、磁浮系统、自动导向轨道系统、市域快速轨道系统七种类型，如图1-2-6所示。

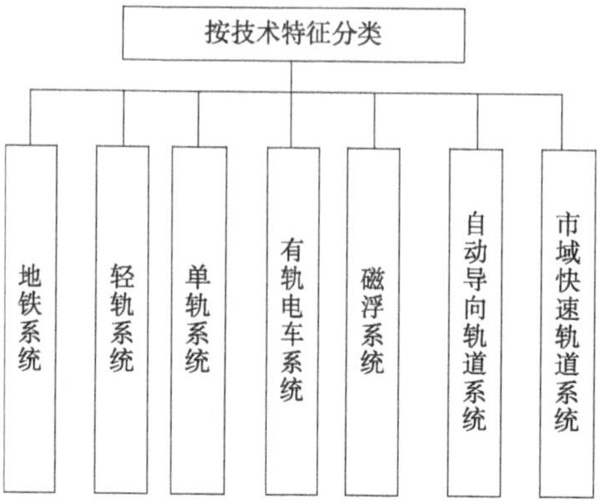

图1-2-6 城市轨道交通按技术制式分类

（1）地铁系统。

地铁系统是采用全封闭线路、专用轨道、专用信号、独立运营的大运量城市轨道交通系统（图1-2-7），一般适用于人口在300万人以上的大城市，单向高峰小时客运能力在2.5万人次以上，线路通常设在地下的隧道内，有时也延伸到地面或设在高架桥上。地铁系统的主要技术特征如下：

图1-2-7 地铁系统

①主要服务于市区，一般适用于大城市的骨干线路。

②运输能力强，采用4～10节编组，动拖结合，单向运输能力在2.5万人次/h以上，属于大运量的城市轨道交通系统。

③准时、高效、安全，采用全封闭线路，独立专用路权，不受其他交通的干扰，受气候影响有限，集中调度，不会出现交通堵塞，安全性高。

④噪声小，污染少，节约能源和土地资源。地铁多数敷设在地下，占地少，产生的噪声对城市影响较小，采用电力牵引，人均出行能耗低，无尾气排放，不污染环境。

⑤采用钢轮钢轨支撑和导向，旋转电机或直线电机牵引。国内地铁采用旋转电机牵引的地铁车辆有A型车和B型车两种，采用直线电机牵引的地铁车辆只有L_B型车一种。

（2）轻轨系统。

轻轨系统是采用全封闭或部分封闭的线路、专用的轨道，以独立运营为主的中运量城市轨道交通系统（图1-2-8），在部分封闭线路的平交路口采用轻轨列车优先信号,单向高峰小时最大客运能力为1万~3万人次,线路一般设在地面上、高架桥上或地下的隧道内。

轻轨系统是城市轨道交通中最难定义的系统之一。一般认为,轻轨系统是在传统的有轨电车系统基础上,利用现代技术进行改造后形成的轨道交通系统。我国的轻轨系统是指钢轮钢轨体系的中运量系统,车辆轴重稍小于地铁。轻轨的运营速度与地铁

图1-2-8 轻轨系统

相近,造价、运输能力、建设工期较地铁低,但是运营维护费用与地铁类似。轻轨系统的主要技术特征如下:

①一般适用于城市的市郊,或者道路条件较好且对景观与噪声要求较低的城区,适用于特大城市的辅助线路或大城市的骨干线路。

②属于中运量城市轨道交通系统,单向运输能力一般为1万~3万人次/h,采用2~6节编组。

③采用全封闭线路或部分封闭线路,基本为独立路权。一般设置在地面或高架桥上,有时也设置在地下隧道内。

④采用钢轮钢轨支撑和导向、旋转电机或直线电机牵引。国内轻轨采用旋转电机牵引的车辆为C型车,采用直线电机牵引的车辆为L_C型车。

(3)单轨系统。

单轨系统是一种车辆与特制的轨道梁组合成一体运行的中低运量的胶轮导轨系统。单轨系统的类型主要有两种:一种是车辆骑跨在轨道梁上运行,称为跨座式单轨系统;一种是车辆悬挂在轨道梁上运行,称为悬挂式单轨系统,两种类型如图1-2-9所示。无论是哪种类型,其相同的特点是车辆分设走行轮和导向轮。单轨系统的主要技术特征如下:

a)跨座式

b)悬挂式

图1-2-9 单轨系统

①主要适用于城市道路高差较大,地形复杂,或旧城改造完成后的道路狭小的城市,也用于客流集散点的接驳线路或旅游区域的联络观光线路。

②属于中低运量的轨道交通系统,单向运输能力为5000~20000人次/h。因车辆

采用胶轮,车轮的承载能力有限,胶轮的轴载仅是钢轮的 40%~50%,载客能力较低。

③采用全封闭线路,与其他交通方式完全隔离,独立路权。以高架结构为主,一般使用道路上部空间设架桥,土地占用较少,轨道梁宽度窄,占用空间小,可以适应急转弯及大坡度,对复杂地形有较好的适应性。

④车体在走行轨上面(跨座式)或下面(悬挂式),通过主轮支承,水平导向轮起导向和稳定作用。车辆分设走行轮和导向轮,采用胶轮,受力分散,走行噪声低。单轨线路主要采用旋转电机牵引,极少采用直线电机牵引。

(4)有轨电车系统。

有轨电车系统是一种低运量的城市轨道交通系统,轨道主要铺设在城市道路路面上,车辆与其他地面交通混合运行,遵守道路交通信号。有轨电车系统又可分为以下两种类型:

①传统有轨电车行驶在混合车道、开放型的路面上,是低运量、低速度、短运距、无专用信号及专用隔离道路权,采用钢轮钢轨的城市轨道交通系统,如图 1-2-10 所示。轨道全部敷设在路面,与路面平齐,该轨道虽然由有轨电车专用,但无专用路权,因此其他车辆可进入轨道行驶,列车运行可能受到一定干扰。有轨电车系统一般无专用信号系统,列车运行随城市道路交通信号管制行驶,一般是地面公共交通层次的交通系统,运行速度与城市公共汽车运行速度相当。

②新型有轨电车车辆性能得到了改进,轨道结构得到了改良;有条件的地段,可在局部路段设置封闭隔离装置,实现局部路权专用,但这种路段占全线比例较小,在与城市道路的平面交叉处,仍设置平交道口,采用优先通行信号,运行速度与传统有轨电车相比略有提高(图 1-2-11)。我国目前建设的有轨电车系统大部分为新型有轨电车类型。

图 1-2-10 传统有轨电车

图 1-2-11 新型有轨电车

(5)磁浮系统。

磁浮系统利用电磁力悬浮技术使列车上浮,车辆不需要设车轮、车轴、齿轮传动机构等,列车运行方式为悬浮状态,采用直线电机驱动行驶,主要在高架桥上运行,特殊地段也可在地面或地下隧道中运行。

目前,磁浮系统主要有两种基本类型,一种是高速磁浮系统(图 1-2-12),另一种是中低速磁浮系统(图 1-2-13)。

模块1 城市轨道交通总体认知

图1-2-12 上海高速磁浮线

图1-2-13 长沙中低速磁浮线

高速磁浮系统造价较高。中低速磁浮系统由于行车速度相对较低,对于城市区域内站间距大于1km的中、短程客运交通线路较为适宜。中低速磁浮系统的主要技术特征包括:

①曲线和道岔通过性能与单轨系统相近。
②噪声小,轨道的维护费用少。
③车辆载荷分布平均,车身较轻,桥梁等建筑物的费用较少。
④车辆费用较高。
⑤属于中运量系统,单向运输能力为1.5万~3.0万人次/h。
⑥由于磁浮列车"抱"在轨道上运行,和路基一体化设计建设,磁浮交通系统是唯一可以做到运行中不发生颠覆事故的城市轨道交通系统。

(6)自动导向轨道系统。

自动导向轨道系统(AGT),亦称为旅客自动捷运系统(APM),如图1-2-14所示。

图1-2-14 广州地铁APM线

自动导向轨道系统属于胶轮导轨系统,一般多采用高架线。车辆有走行轮和导向轮(图1-2-15),走行轮为胶轮,走行在桥梁上,起支承作用;导向轮也是胶轮,与导向板或导向槽一起对车辆起导向和稳定作用。为了控制车辆轴重,保证胶轮运行安全,自动导向轨道系统采用小车辆、短编组。自动导向轨道系统的主要技术特征包括:

①使用橡胶轮胎,噪声小,但橡胶轮胎受到的运行阻力比钢轮钢轨系统受到的运行阻力大,使用寿命较短。

②可适应较小的转弯半径,节省土地面积。

③混凝土轨道梁容易发生波形磨耗,使乘车舒适度恶化,且维修困难。

④受橡胶轮胎影响,运输能力受到限制。

⑤爬坡能力强,加速度及减速度高,采用无人驾驶。

⑥属于中低运量的轨道交通系统,单向运输能力为2000~20000人次/h。

自动导向轨道系统的适用范围主要包括:机场、港口、高速铁路车站的客运专用通道;中小城市的主要客运通道;城市郊区、大型住宅区和新城镇内部的客运通道;城市外围与城市主要客运系统(如地铁)的接驳联系。

a)走行轮和导向轮

b)走行轮

c)导向轮

图1-2-15 自动导向轨道系统

世界范围内,日本有较多的用于公共交通的自动导向轨道系统,其他国家或地区大多将此系统用于机场内部的客运交通。自动导向轨道系统单向运输能力多在1万人次/h以下,属于低运量城市轨道交通系统。

(7)市域快速轨道系统。

市域快速轨道系统线路长度比一般市内地铁要长,主要服务于城市与郊区、中心城市与卫星城、重点城镇间等,服务范围一般在100km之内,是介于地铁、轻轨和城际高速铁路之间的一种新型运输模式,如图1-2-16所示。可根据不同区域情况配备速度为120~160km/h、不同车辆断面与供电制式的市域快轨车辆。

模块1　城市轨道交通总体认知

图1-2-16　市域快速轨道系统

视野拓展

《城市轨道交通工程项目建设标准》(建标104—2008)中,基于线路运能分类的城市轨道交通各级线路相关技术特征如表1-2-2所示。

基于线路运能分类的城市轨道交通各级线路相关技术特征　　表1-2-2

线路运能分类	Ⅰ	Ⅱ	Ⅲ	Ⅳ
	高运量	大运量	中运量	
	(钢轮钢轨)			(钢轮钢轨/单轨)
线路类型	全封闭型			部分平交道口
列车最大长度(m)	185	140	100	60
单向运能(万人次/h)	4.5~7	2.5~5	1.5~3	1~2
适用车型	A	B 或 L_b	B、C、L_b 及单轨	C 或 D
最高速度(km/h)	80~100			60~80
平均站间距(km)	1.2~2			0.8~1.5
旅行速度(km/h)	35~40			20~30
适用城市城区人口规模(万人)	≥300			≥150

注:1. Ⅰ、Ⅱ、Ⅲ级线路是全封闭快速系统,采用独立的专用轨道和信号,高密度运行。Ⅳ级线路具有专用轨道和部分信号的中低运量系统,但部分路段设置平交道口。

2."适用城市城区人口规模"是指人口规模能达到或超过此限的城市轨道交通线网中的主干线等级,其余线路可根据运量选用较低等级。

3. 旅行速度是指一般情况下的特征数据。当车辆最高速度大于100km/h时,有关技术标准应另行研究确定。

查一查

请查询资料填写表1-2-3,了解目前各类型城市轨道交通在国内城市的建设情况。

表 1-2-3

序号	类型	开通城市	里程(km)
1	地铁系统		
2	轻轨系统		
3	单轨系统		
4	有轨电车系统		
5	磁浮系统		
6	自动导向轨道系统		
7	市域快速轨道系统		

1.3 从发展演变了解城市轨道交通

一、城市轨道交通的发展规模概述

19世纪中叶，英国伦敦街头交通堵塞严重，查尔斯·皮尔逊根据老鼠打洞的现象，提出了火车在地下运行的奇思妙想。这个"异想天开"的提议于1863年得到了实现——世界上第一条地铁在伦敦诞生，全长只有6.2km。随后，世界各大城市纷纷建造城市轨道交通。这种速度快、不堵车、环保又舒适的交通方式深受大家喜爱，推动了世界各大城市的发展。截至2018年底，全球共有70多个国家或地区的近500座城市开通城市轨道交通，运营里程超过26100km，车站数超过26900座。

表1-3-1展示了全球各大洲城市轨道交通总体线网规模(注：俄罗斯的全部城市划入欧洲计算)。总体上看，欧洲和亚洲总运营里程占全球的89.86%，其中，欧洲总运营里程为14146.94km。从制式看，亚洲地铁和轻轨里程最长，各占全球地铁和轻轨里程的57.23%和64.64%；欧洲有轨电车里程最长，占全球有轨电车里程的96.65%。

2018年全球各大洲城市轨道交通运营里程汇总表(单位：km)   表 1-3-1

名称	地铁	轻轨	有轨电车	总计
亚洲	8137.35	836.25	332.6	9306.2
欧洲	3569.46	324.23	10253.25	14146.94
北美洲	1410.20	122	—	1532.2
南美洲	1005.95	11.2	—	1017.15
非洲	96.40	—	23.2	119.6
总计	14219.36	1293.68	10609.05	26122.09

注：资料来源于韩宝明，代位，张红健.2018年世界城市轨道交通运营统计与分析[J].都市快轨交通，2019，32(1)：9-14。

查一查

请查找世界上城市轨道交通总里程及地铁里程排名前十的城市及其具体里程数，填入表 1-3-2 中。

城市轨道交通总里程及地铁里程排名前十的城市及具体里程数　　　表 1-3-2

序号	城 市	城市轨道交通总里程(km)	序号	城 市	地铁里程(km)

二　国外城市轨道交通

（1）伦敦地铁。

伦敦地铁是世界上最古老的地铁，于 1863 年 1 月建成通车。早期伦敦地铁（图 1-3-1）使用蒸汽机车驱动，木质的车厢里点着煤气灯。由于车辆在长长的圆形的隧道里穿行，伦敦地铁也被称为"The Tube"（管子）。伦敦地铁（图 1-3-2）线路复杂，共有 12 条线，分布在 6 个区内，运营里程 439km，共 275 个车站，不同线路有大量的共用路段，同一条线路有多种不同的车次类型，车次编排复杂，采用"主线 + 支线"运行方式来满足市区与市郊客流的不同需求。伦敦地铁的另一大特征就是线路分为浅层（Sub Surface）和深层（Deep Tube）线路两类。浅层线路列车和普通的地铁列车比较类似，而深层线路列车为了适应狭窄的隧道，高度偏矮，外观看上去很扁（图 1-3-3）。

a)

b)

图 1-3-1　早期伦敦地铁

图 1-3-2　伦敦地铁现状

图 1-3-3　浅层线路列车(左)和深层线路列车(右)

视 野 拓 展

支线运行原理：如图 1-3-4 所示，A、B、C 为支线，D 为干线，支线 A、B、C 位于市郊，客流量少，干线 D 位于市区，客流量大。支线 A、B、C 行车间隔大，为 10min，都通过车站 1 交叉汇合进入市区方向干线 D 行驶，这样干线 D 的行车间隔定为 3min 左右，行车间隔小，可满足干线大客流的需求。

(2) 纽约地铁。

纽约地铁(图 1-3-5)于 1904 年开通，是美国纽约市的快速公共交通系统，也是线路错综复杂且历史悠久的地下铁路系统之一。纽约地铁共有 500 多座车站，商业营运路线长度超过 440km。纽约地铁 40% 的线路为地面线路或高架线路。纽约地铁设备较陈旧，在所有车站中只有 30 多个车站是在 1940 年后建成的。纽约地铁车站密度较大且车辆只开行到近郊，距离市中心最远的车站在 25km 左右处，更远的区域都由通勤铁路负责。纽约地铁在市区内的线网密度大，车站平均间距短。另外，纽约地铁采用多线并行，部分线路同一方向有 3 条以上行车轨道，当一条轨道维修时，仍可保证双向行车，故纽约地铁部分线路可 24h 连续运行。

(3) 莫斯科地铁。

莫斯科地铁设计时考虑了战备防空需求，平均深度较大。莫斯科地铁车站的建筑造型各异、华丽典雅(图 1-3-6)，每个车站都由著名建筑师设计，各有其独特风格,建筑格局也各不相同,多用五颜六色的大理石、花岗岩、陶瓷和五彩玻璃,镶嵌各种浮雕、雕刻和壁画装饰,照明灯具十分别致。莫斯科地铁总共有 16 条线路,包括 14 条辐射线和 2 条环线,运营里程超过 400km,承担全市公共交通客运量的比例较高。

图 1-3-4　支线运行原理图

图 1-3-5　纽约地铁

a)　　　　　　　　　　　　　　b)

c)

图 1-3-6　莫斯科地铁

(4)东京地铁。

东京地铁(图 1-3-7)主要布局在中心城区,共 13 条线路,线路总里程 334km。东京地铁最大的特点是地铁与铁路共线及跨线运营,可减少乘客换乘次数,提高乘客直达比例。此外,东京地铁是较早采用"地铁+地下商业"发展模式的地铁,车站设置较多数量的出口,通过地铁带动地下商场的发展,又通过地下商场吸引更多客流量。东京地铁根据不同时段的客流量采用快慢车混合运行(其中快车是指只停靠部分车站的列车),以提高线路运营效率。

图 1-3-7　东京地铁

三　快速发展的国内城市轨道交通

对比世界其他城市轨道交通的发展,我国城市轨道交通的发展起步较晚,但发展迅速。1899 年,德国西门子公司在我国北京修建了连接永定门和马家堡的有轨电车线路。20 世纪初,天津、上海、大连、沈阳、哈尔滨、长春等城市相继建成并开通有轨电车系统。20 世纪 50 年代末开始,各城市陆续拆除有轨电车线路。1969 年,北京地铁建成通车,全长 24.17km。截至 2021 年底,我国共有 51 个城市(不含港澳台)开通城市轨道交通线路,运营里程 8708km,完成客运量 237.1 亿人次,这些城市分别是北京、天津、上海、广州、长春、大连、武汉、深圳、南京、成都等。此外,还有很多城市的轨道交通线路正在修建。城市轨道交通在我国正处于快速发展中。

查一查

请查询资料,了解目前国内城市轨道交通的开通情况,将地铁里程排名前十的城市及相关数据填入表 1-3-3。

表 1-3-3

排　名	城 市 名 称	线 路 条 数	里程(km)
1			
2			
3			
4			
5			
6			
7			
8			
9			
10			

模块 2

城市轨道交通规划设计与施工建设

📖 知识目标

(1) 熟悉城市轨道交通规划、设计、施工建设、运营全生命周期的内容；
(2) 熟悉线网规划和线路设计的定义、内容与过程；
(3) 归纳区间施工和车站施工的不同类型施工方法；
(4) 掌握车辆限界、设备限界、建筑限界、接触轨(网)限界的含义与作用。

能力目标

(1) 对比不同类型施工方法，能分辨其区别并说出其运用实例；
(2) 通过线网类型学习，能对各线网类型进行优缺点分析并列举国内外实际应用案例。

素质目标

(1) 初步树立学生对城市轨道交通行业的认同感和职业自信；
(2) 初步培养学生对专业领域的科学探索精神；
(3) 初步培养学生对重大项目决策的全局视野及精益求精的精神。

建议学时

6 学时。

模块任务

请学习本模块内容，完成书末附录 2 模块 2 学习任务单。

学习分组

建议学习者组建学习小组，制订学习计划，共同完成相关任务。

姓 名	学 号	分 工	备 注	学习计划
			组长	

任务准备

引导问题 1 请判断正误：城市轨道交通建设是一项投资大、周期长、影响深远的大工程。（　　）

引导问题 2 请判断正误：试运行不同于综合联调联试，它是围绕列车运行进行的一项试验和调试，考查设备系统的可靠性与安全性，是项目的生产运行阶段，由各运营单位组织。（　　）

引导问题 3 请判断正误：城市轨道交通系统联调联试是指本工程机电设备系统之间的综合联调、试运行和运营演练。（　　）

引导问题 4 请判断正误：城市轨道交通是一种技术要求高、施工难度高的"双高"系统工程。（　　）

引导问题 5 请判断正误：影响线网规划最直接的因素是城市交通需求。（　　）

引导问题 6 请判断正误：市区软土地层隧道适合采用盾构法施工。（　　）

引导问题 7 请判断正误：限界越大，安全度越高，因此合理限界只要保证列车运行的安全即可。（　　）

引导问题 8 地铁的运营分为试运营和_____运营两个阶段，其中试运营时间不应少于_____年。

引导问题 9 城市轨道交通的规划和设计可分为_____和_____两部分内容。

引导问题 10 城市轨道交通的敷设方式包括地面、_____和_____三种。

引导问题 11 线路的设计包括线路的_____设计和_____设计。

引导问题 12 常用的地质勘察方法有钻孔取样勘探、_____、磁法勘探和_____。

引导问题 13 隧道形状有矩形、圆形、马蹄形、钟形，其中矿山法施工隧道是_____形，明挖法施工隧道是_____形，盾构法施工隧道是_____形。

引导问题 14 城市轨道交通限界有_____、接触轨（接触网）限界、_____、建筑接近限界等。

引导问题 15 城市轨道交通线路的全生命周期包括哪些步骤与流程？

引导问题 16 城市轨道交通线路施工建设流程有哪些？

引导问题 17 线网的基本结构有哪几种？

> 知识储备

2.1 从规划到运营看城市轨道交通的全生命周期

城市轨道交通建设是投资大、周期长、影响深远的大工程,会对城市土地利用、交通结构、经济发展及城市环境产生深远的影响。一般来说,线路从规划到运营依次需要经历线网规划、建设规划、工程可行性研究、工程设计、施工建设、试运行、试运营、正式运营八个阶段,其中线网规划、建设规划与工程可行性研究是项目前期规划工作,由建设单位牵头负责;工程设计、施工建设、试运行为项目的设计建设阶段,由建设管理单位负责,试运营和正式运营是项目的生产运行阶段,由各运营单位组织。某城市轨道交通系统从规划到运营具体流程如图 2-1-1 所示。整个规划到试运行过程需要 8~10 年的时间,具体视线路走向与建设情况而定。

一 规划:城市轨道交通建设的基石

城市轨道交通规划一般包括线网规划与建设规划。

线网规划是城市轨道交通建设的基石,有了线网规划,才可能有后续工序。在线网规划之前,规划者要了解城市的现在和未来,包括城市布局、人口、用地、交通、社会、经济、环境等。线网规划要使城市轨道交通线路的走向符合城市的总体规划,每一条线都要确定其功能定位,一般有骨干线、次干线和加密线之分。其中,骨干线要串联起城市中重要的客流集散点,是城市中客流最集中的廊道,是支撑城市发展的主脉络。

建设规划的主要内容是确定近期建设的线路以及线路建设的时序,线路修建的必要性、建设线路的路由、敷设方式、车站布设、车辆段选址、工程筹划、工程投资及资金筹措等方面。

线网规划与建设规划都可由设计院或咨询公司完成,一般历时 1~3 年不等。

---─ 视 野 拓 展 ─---

根据国务院办公厅印发[2018]52 号文《关于进一步加强城市轨道交通规划建设管理的意见》,我国城市轨道交通系统,除有轨电车外均应纳入城市轨道交通建设规划并履行报批程序。地铁主要服务于城市中心城区和城市总体规划确定的重点地区,申报建设地铁的城市一般公共财政预算收入应在 300 亿元以上,地区生产总值在 3000 亿元以上,市区常住人口在 300 万人以上。申报建设轻轨的城市一般公共财政预算收入应在 150 亿元以上,地区生产总值在 1500 亿元以上,市区常住人口在 150 万人以上。拟建地铁、轻轨线路初期客运强度分别不低于每日每公里 0.7 万人次、0.4 万人次,远期客流规模应分别达到高峰时段单向每小时 3 万人次以上、1 万人次以上。

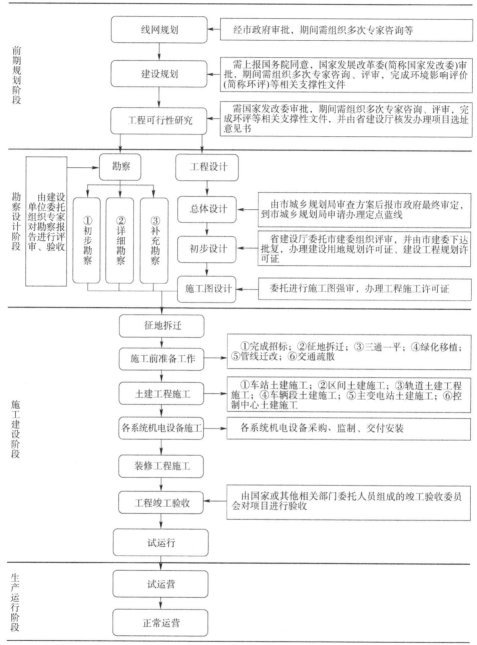

图 2-1-1 某城市轨道交通系统从规划到运营具体流程图

二 工程可行性研究报告:为设计提供依据

工程可行性研究报告(简称工可),是线路前期工作的最后一环,也是设计阶段开始的依据。其主体报告内容一般包含项目建设背景、项目技术条件、项目建设方案、项目适应性分析与项目综合分析五部分内容。其中,项目建设背景是项目实施的边界条件,包括项目概述、上位规划研究、建设必要性、工程建设条件等;项目技术条件是项目实施的总体原则,包括客流量预测、总体技术标准等;项目建设方案是项目实施的关键环节,在车辆、限界、线路、车站分布、运营组织、车辆基地、配线设置、控制系统构成等总体方案基础上,详细研究土建工程方案、设备系统方案和组织实施方案。项目适应性分析是项目实施的重要保障,包括交通衔接、社会稳定、节约能源、环境保护、文物保护、安全评估、防灾与人防等,并根据外部条件对项目建设方案进行反馈。项目综合分析是对项目投资、效益、风险等方面开展全面研究,明确结论与建议。

三 设计:构造美好蓝图

城市轨道交通设计包括总体设计、初步设计与施工图设计三个阶段。

总体设计阶段是整个城市轨道交通工程建设周期中抓好设计工作的关键节点。总体设计阶段要在工程可行性研究报告及国家评审意见的基础上,结合外部条件,对工程的各专业系统进行深化、研究和技术方案的比较;确定工程的规模、设计原则、标准和技术要求,经建设单位组织审查批准后,作为下一步编制初步设计方案的依据。总体设计阶段的设计重点为:行车组织、车辆、线路、车站建筑、土建结构、机电设备专业系统、外部工程条件的设计,以及进行工程方案技术与经济的综合协调平衡以控制工程投资总额。

与总体设计相比,初步设计更细致,方案要经过层层严格审核,出的图是正式的归档图,需要各专业部门会签并晒蓝图。

在施工图设计阶段,要把施工的各项具体要求落实到图纸中,如线路路由和车站位置,做到整套图完整统一、明确无误。

四 施工建设:蓝图的实现

城市轨道交通建设周期一般比较长,从开工建设到完全通车一般需要 3~5 年时间,其中土建工程的建设时间为 2~3 年。

施工基本流程为:施工准备→土建工程→轨道工程→供电工程→通信与信号系统施工→机电设备施工→车辆购置→车辆调试(冷滑、热滑、单项目调试、综合联调等)→试运营筹备→试运行等。

某城市轨道交通线路部分设计、施工流程如图 2-1-2 所示。

图 2-1-2 某城市轨道交通部分设计、施工流程

视野拓展

在土建、轨道等基建部分完成以后,地铁建设需要经过冷滑试验、限界测量、热滑试验、试运行等阶段。

1. 试运行

冷滑、热滑试验成功,系统调试结束后,要通过不载客列车试运行,对地铁管理和设施设备系统的可用性、安全性和可靠性进行检验。试运行期间不对外售票载客;政府相关部门人员、地铁员工、施工单位人员出于工作原因可以乘坐。图2-1-3为地铁空载试运行。

2. 冷滑

冷滑是指在接触网不受电的情况下,通过电力机车受电弓的滑行,对接触网进行动态试验检查,确认实际参数是否满足设计和验收标准,为接触网送电、热滑等工作消除质量和安全隐患,如图2-1-4所示。

图2-1-3 某地铁空载试运行

图2-1-4 冷滑试验

冷滑试验程序为:

(1)冷滑试验的顺序一般是先区间后站场,先正线后侧线,先低速后高速。

(2)冷滑试验一般分三次进行:第一次为低速冷滑,运行速度区间运行速度为10~15km/h、站场运行速度为5~10km/h;第二次为中速冷滑,运行速度为25~30km/h;第三次为正常速度。

3. 热滑

热滑是指在接触网带电情况下,由电力客车的受电弓从接触网直接取电,依靠地铁试验列车自动运行来检验车辆与接触网系统、车辆与轨道系统之间的配合是否具备列车运行条件,并对地铁供电、信号、通信、线路、机电等系统设备进行全面检测的一种试验方式。测试人员通过观察列车受电时的运行状态,重点观测受电弓与接触网之间的受流情况,检验回流系统状况,检查车辆、供电、接触网、轨道等系统间匹配运行情况,检查供电系统潜在的工程缺陷,并在热滑测试后及时进行有针对性的整改,以保证列车的正常运行,如图 2-1-5 所示。

图 2-1-5　热滑试验

热滑试验的速度分为三种:低速 10～20km/h、中速 30～40km/h、高速 50～60km/h。

五　运营:成果的检验

城市轨道交通运营分为试运营和正式运营两个阶段,是整个城市轨道交通项目的生产运行阶段,也是经济效益的产生阶段。

试运营是指城市轨道交通工程所有设施设备验收合格,整体系统可用性、安全性和可靠性经过试运行检验合格后,在正式运营前所从事的载客运营活动。城市轨道交通系统从试运营之日起开始售票载客,如图 2-1-6 所示。

载客试运营满 1 年并完成尾工建设、缺陷问题整改后,城市轨道交通运营单位可向主管部门申请正式运营,经综合评估及评审合格后,城市轨道交通线路即可由试运营转入正式运营,如图 2-1-7 所示。在试运营期间的各项指标、设施设备可靠度等数据需要日常统计并形成报告提交。

图 2-1-6　南昌地铁 2 号线试运营首日

图 2-1-7　石家庄地铁正式运营

2.2　从宏观到微观看城市轨道交通的规划与设计

城市轨道交通规划与设计是城市轨道交通系统前瞻性和创造性的环节,可对所在城市的发展和规划起到一定的引导作用。同时,城市轨道交通系统是一种投资高、技术要求高、施工难度高的"三高"系统,线路建成后的改造和调整是极其困难的。因此,作为城市轨道交通建设的前期工作,正确的规划和设计极为重要。规划与设计是保证城市轨道交通建设科学、合理、经济、可持续发展的关键环节。城市轨道交通的规划与设计可分为线网规划和线路设计两部分内容。某城市轨道交通线网规划示意图如图2-2-1所示。

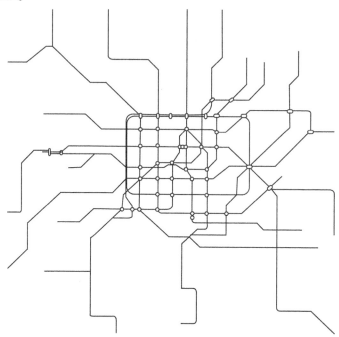

图2-2-1 某城市轨道交通线网规划示意图

线网规划注重城市轨道交通系统与城市发展的协调关系,强调城市整体发展的理论性、科学性和前瞻性,属于宏观层面。线路设计则具体关注线路走向的优化、与沿线土地开发及地面交通的协调,强调项目的合理性、实用性和可操作性,属于微观层面。

一 从宏观层面进行线网规划

(1)定义。

城市轨道交通线网是指由不同功能层次、不同功能定位的城市轨道交通线路通过换乘车站、枢纽车站有机结合在一起,共同实现轨道交通服务目标的网络。

线网规划是结合城市的总体布局、交通发展目标、人口规模等,进行的交通需求预测与特征分析、发展目标制定与论证、线网组织与功能层次划分、线路规划、运营组织、工程条件研究、用地控制等一系列工作。

(2)线网形态。

线网形态受城市布局结构、自然地理环境等因素的影响,形成了千姿百态的网络形态。最常见、最基本的线网形态是星形、棋盘形、放射网形和有环放射形,如图2-2-2所示。

(3)线网规划的内容。

城市轨道交通线网规划是城市综合交通体系规划的组成部分和城市总体规划的

专项规划,是城市轨道交通长远发展的总体方案,是后续建设规划、可研、设计和实施的基础和依据。城市轨道交通线网规模、布局、服务水平应与城市规模、客流量、经济社会发展水平相适应。

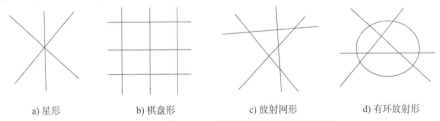

图 2-2-2　最常见、最基本的城市轨道交通线网形态

城市轨道交通线网规模是各条线路的长度之和。城市轨道交通线网规模应与城市轨道交通发展战略、城市人口规模、交通需求特征、城市经济发展水平等相匹配。城市轨道交通线网规模与其影响因素的有向连接图如图 2-2-3 所示。

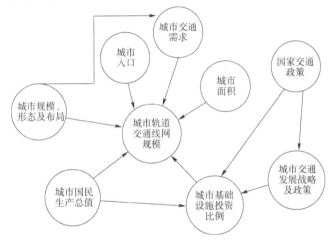

图 2-2-3　城市轨道交通线网规模与其影响因素的有向连接图

城市轨道交通线网规划主要任务是在明确城市轨道交通功能定位、发展目标的基础上,确定城市轨道交通线网功能层次、规模和布局,提出城市轨道交通设施用地的规划控制要求。以下介绍《城市轨道交通线网规划标准》(GB/T 50546—2018)关于交通需求分析、服务水平与线网功能层次、线网组织与布局、线路规划、车辆基地规划、用地控制、综合评价的内容。

交通需求分析是以城市综合交通需求预测模型为基础,分析城市交通系统运行状况和城市轨道交通需求。城市轨道交通需求分析结果是确定线网规模、评价线网规划方案、研究建设时序、组织网络运营、控制设施用地等的定量依据。

城市轨道交通服务水平应以城市规模、城市形态、交通需求特征为依据,在研究出行时耗、舒适性、便捷性等方面基础上予以确定。城市轨道交通线网功能层次结构应按不同空间层次交通需求构成特征和服务水平要求确定,宜由不同技术标准、不同系统制式轨道交通线路组合而成。

城市轨道交通线网应根据城市空间组织、交通发展目标和空间客流特征进行合理组织,线网布局应与城市空间结构、交通走廊分布契合。城市轨道交通线网组织应合理利用客运通道资源,对线网的功能层次、换乘站布局、线网与对外交通系统换乘衔接以及线路空间规划等进行合理安排。城市轨道交通线网布局方案应在分析城市空间结构、用地布局、客运交通走廊分布、重要客运枢纽和大型客流集散点分布的基础上研究确定。

城市轨道交通线路规划应确定线路基本走向、起终点位置和主要车站分布,并应确定线路敷设方式的基本原则,应与沿线用地规划相协调。线路规划应提出线路的旅行速度、平均站间距、最大运输能力等技术标准,并应符合其在城市轨道交通线网中的功能定位和层次、客流特征、服务水平的总体要求。

车辆基地规划应贯彻节约、集约用地的方针,布局应坚持资源共享的原则,选址应满足城市规划要求。车辆基地应结合线路特征、用地条件和沿线土地使用功能统一规划布局,合理确定车辆基地选址。

城市轨道交通线网规划应对线路区间、车站、车辆基地及控制中心、主变电所等其他设施提出用地控制原则与要求,为城市轨道交通建设提供用地条件。用地控制范围应包括建设控制区和控制保护区。控制保护区应满足城市轨道交通建设、运营、维护及安全的要求。

城市轨道交通线网规划综合评价应遵循定性与定量相结合的原则,综合多方面影响因素,建立科学的评价指标体系,采用相应的评价方法,并应在设定的目标及服务水平下循环进行,以求取最佳线网方案。

(4)线网规划过程。

城市轨道交通线网规划过程包括背景研究、线网结构研究和规划可实施性研究。某城市轨道交通线网规划研究框架如图2-2-4所示。

三 从微观层面进行线路设计

1. 线路设计的定义

城市轨道交通线路是指城市中把甲地到乙地连接起来的轨道路由。路由是指该线路所要经过的具体地方、方向和车站。线路设计是指在已经确定的城市轨道交通线网规划的基础上,研究某一条或某一段线路的具体位置,包括线路路由(图2-2-5)、敷设方式及车站设置等的确定过程。

城市轨道交通线路按敷设方式分为地面线路、地下线路和高架线路三种。地面线路适用于非城市中心区、城市绿化隔离带和地质条件差的地区,在建筑物和道路稀少的较空旷的地带,采用类似普通铁路的路基(图2-2-6)。地下线路适用于交通繁忙路段和市区内繁华地段,其线路设计的一般原则是线位尽量不侵入两侧的规划红线,尽可能沿城市道路敷设,在偏离道路或穿越街坊时,主要考虑躲避地下各种市政管线和沿线的地下的桩基础,以确保安全和减少拆迁(图2-2-7)。高架线路一般适用于市区外建筑物稀少及空间开阔的地段,其线位一般沿道路的一侧或道路中心线布置,具体位置依据规划方案、结合具体情况、通过深入研究和比选经济方案确定(图2-2-8)。三种线路的特点见表2-2-1。

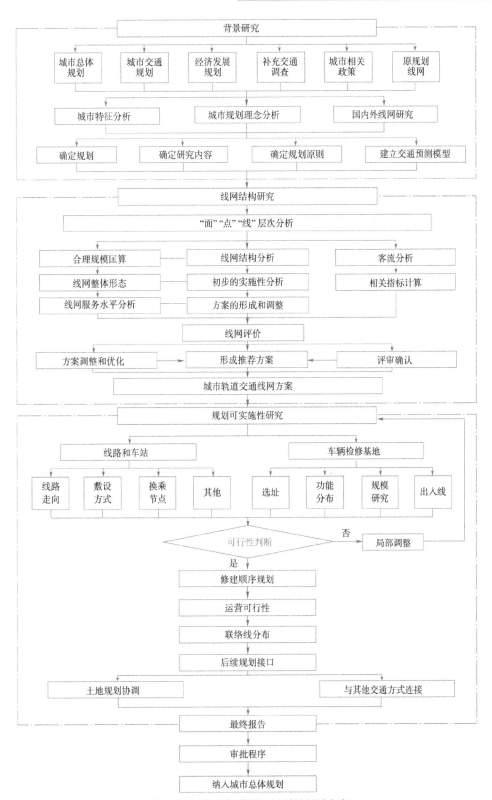

图 2-2-4 某城市轨道交通线网规划研究框架

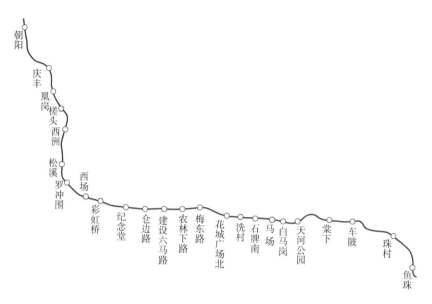

图 2-2-5　某城市轨道交通线路路由示意图

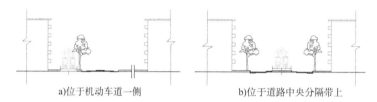

a) 位于机动车道一侧　　　　b) 位于道路中央分隔带上

图 2-2-6　地面线路的位置选择

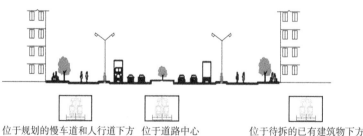

位于规划的慢车道和人行道下方　　位于道路中心　　位于待拆的已有建筑物下方

图 2-2-7　地下线路的位置选择

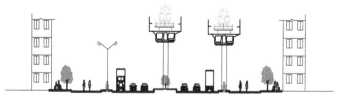

位于道路中心线上　　位于快慢车分隔带上

图 2-2-8　高架线路的位置选择

模块2 城市轨道交通规划设计与施工建设

三种敷设方式的特点　　　　　表 2-2-1

序号	指标	地面线路	地下线路	高架线路
1	土建难度	小	大	较小
2	相关设备	简单	复杂	较简单
3	投资	小	大	较大
4	自然环境对运营的影响	大	小	较小
5	对城市土地的隔断作用	强	无	较弱
6	对城市环境的影响	较大	小	大
7	用地规划控制面积	较小	大	小

车站按照"协调发展、按需设置、技术可行,经济合理"的原则设置,综合考虑以下几个方面的因素:一是车站能否满足远期客流需求;二是站间距是否合适;三是车站的施工难度是否合适;四是车站与其他轨道线路的换乘是否便捷;五是车站与其他交通方式衔接是否较好。

2. 线路设计的过程与内容

线路设计一般分为四个阶段,分为可行性研究阶段、总体设计阶段、初步设计阶段和施工设计阶段。通过不同设计阶段,逐步由浅入深并不断地比较修正线路平面、纵断面和坡度等,最后确定最佳线路在城市三维空间中的准确位置。

(1)可行性研究阶段主要是通过实际调查确定方案,并通过线路多方案比选进行选线,具体选择线路走向、路由、车站分布、辅助线分布、线路交叉形式和线路敷设方式等;然后提出设计指导思想和主要技术标准。

(2)总体设计阶段根据可行性研究报告和审批意见,初步确定线路平面规划、线路纵断面的高程位置和车站大体位置等。某地铁线路部分车站平面示意图、纵断面示意图如图 2-2-9 和图 2-2-10 所示。

图 2-2-9　某地铁线路部分车站平面示意图

(3)初步设计阶段根据总体设计文件及审查意见,完成对线路设计的原则、技术标准的确定,进行线路设计。线路设计包括线路的平面设计和纵断面设计。其中,线路平面是线路中心线在水平面的投影(图2-2-11),由直线、圆曲线和缓和曲线合理组合而构成(图2-2-12),反映了线路的平面曲直变化状态;线路纵断面是线路中心线在铅垂面的投影(图2-2-13),由平道、竖曲线及坡道合理组合构成(图2-2-14),反映了线路的纵断面曲直变化状态。线路纵断面设计在平面设计的基础上进行,又可对平面设计进行检验和调整,最终确定线路在城市三维空间的位置。

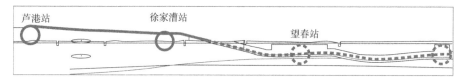

图2-2-10 某地铁线路部分车站纵断面示意图

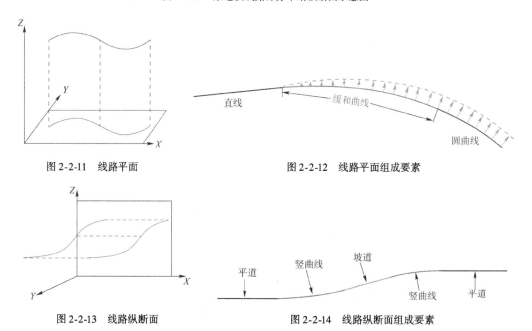

图2-2-11 线路平面　　　　　图2-2-12 线路平面组成要素

图2-2-13 线路纵断面　　　　图2-2-14 线路纵断面组成要素

(4)施工设计阶段根据初步设计文件及审查意见,对部分车站位置和个别曲线半径等进行微调,对线路平面及纵断面进行精确计算和详细设计,并提供施工图纸及说明、线路平面设计图(图2-2-15)、线路纵断面设计图(图2-2-16)。

图2-2-15 某城市轨道交通线路平面设计图

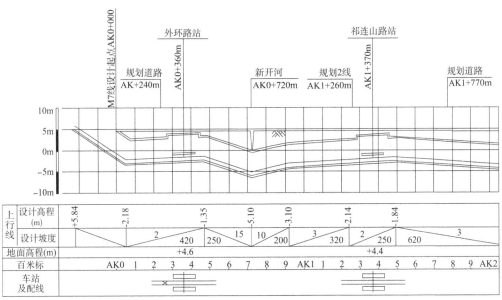

图 2-2-16 某城市轨道交通线路纵断面设计图

2.3 从勘察到施工看城市轨道交通的建设

随着城市轨道交通勘察与施工技术水平不断提升,各种难关被一一突破,效率也明显提高。

一 地质勘察

在城市轨道交通工程建设的过程中,各个施工阶段对地质条件与水文条件有不同的要求。地质勘察工作可以为各个施工环节提供科学参数,对城市轨道交通工程建设具有重要意义。

城市轨道交通的土建工程量大,工程结构复杂,技术难度高,因此在施工前都会进行地质勘察,针对地质情况选择合理的施工方法。常用的地质勘察方法有钻孔取样勘探、电法勘探、磁法勘探和声波法勘探。

二 施工方法

城市轨道交通的施工分为区间施工和车站施工。

1. 区间施工

城市轨道交通区间土建工程分为地面工程、高架工程、地下工程。地面工程主要采用筑堤法,高架工程采用架桥法,地下工程(隧道)的施工方法包括明挖法和暗挖法。

(1)明挖法。

明挖法是指挖开地面,由上向下开挖土石方至设计高程后,自基底由下向上顺作施工,完成隧道主体结构,最后回填基坑或恢复地面的施工方法。

明挖法是各国地铁施工的首选方法,在地面交通和环境允许的地方通常采用明挖法施工。浅埋地铁车站和区间隧道经常采用明挖法,明挖法施工属于深基坑工程技术。由于城市轨道交通工程一般位于建筑物密集的城区,因此深基坑工程的主要技术难点在于对基坑周围原状的保护,控制地表沉降,减小对既有建筑物的影响。明挖法的优点是施工技术简单、快速、经济;但其缺点也是明显的,如阻断交通时间较长,噪声与振动等对环境的影响大(图2-3-1)。明挖法施工流程如图2-3-2所示。

图 2-3-1 明挖法施工现场

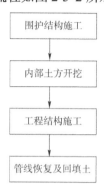
图 2-3-2 明挖法施工流程

(2)暗挖法。

暗挖法是在特定条件下,不挖开地面,全部在地下进行开挖和修筑衬砌结构的隧道施工方法。暗挖法主要包括矿山法、盾构法、沉管法等。矿山法又分为新奥法和浅埋暗挖法。浅埋暗挖法和盾构法应用较为广泛,因此,下面着重介绍这两种方法。

①浅埋暗挖法。浅埋暗挖法充分利用围岩的自承能力和开挖面的空间约束作用,采用锚杆和喷射混凝土为主要支护手段,对围岩进行加固,约束围岩的松弛和变形,并通过对围岩和支护的量测、监控,指导地下工程的设计和施工。浅埋暗挖法是针对埋置深度较小、松散不稳定的土层和软弱破碎岩层施工而提出来的,如深圳地铁区间隧道大部分采用了浅埋暗挖法施工。浅埋暗挖法的施工原则可以概括为"管超前、严注浆、短开挖、强支护、快封闭、勤量测"18个字,其施工流程见图2-3-3。

a)预支护加固

b)土方开挖

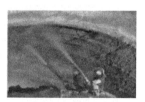
c)施作初期支护

d)防水施工

e)施作二次衬砌

图 2-3-3 浅埋暗挖法施工流程

②盾构法。盾构法是利用盾构机进行隧道掘进的一种施工方法。盾构机(图2-3-4)一般由盾构壳体、推进系统、拼装系统、出土系统四大部分组成。隧道断面形状可分为圆形、半圆形矩形、马蹄形。盾构法施工具有自动化程度高、节省人力、施工速度快、一次成洞、不受气候影响、开挖时可控制地面沉降、减小对地面建筑物的影响和在水下开挖时不影响水面交通等优点,尤其在隧道洞线较长、埋深较大的情况下,采用盾构法施工更为经济合理,具体施工工序如图2-3-5所示。

图2-3-4 盾构机内部结构

a)开挖工作井

b)吊装盾构机

c)盾构始发

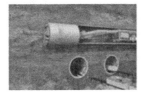
d)盾构掘进

e)盾构接收

图2-3-5 盾构法施工流程

知识拓展

当区间施工遇到江河,且江河底部有上软下硬地层、砂层、淤泥层和承压水等时,适合采用另一种施工方法——沉管法。

沉管法是将隧道管段分段预制,分段两端设临时止水头部,然后浮运至隧道轴线处,沉放在预先挖好的地槽内,完成管段间的水下连接,移去临时止水头部,回填基槽保护沉管,铺设隧道内部设施,从而形成一个完整的水下通道。

沉管隧道对地基要求较低,特别适用于软土地基、河床或海岸较浅,易于水上疏浚设施进行基槽开挖。由于其埋深小,包括连接段在内的隧道线路总长较采用暗挖法和盾构法修建的隧道明显缩短。沉管断面形状可圆可方,选择灵活。基槽开挖、管段预制、浮运沉放和内部铺装等各工序可平行作业,彼此干扰相对较少,并且管段预制质量容易控制。基于上述的优点,可用沉管法在大江、大河等宽阔水域下构筑隧道。沉管法也被称为最经济的水下穿越方案。沉管法施工流程如图 2-3-6 所示。广州珠江隧道是我国第一条公路与地铁合用的越江隧道,该隧道就采用沉管法施工。

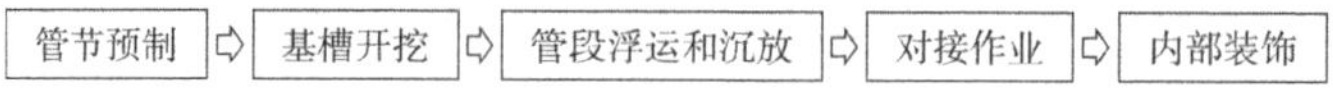

管节预制 ⇨ 基槽开挖 ⇨ 管段浮运和沉放 ⇨ 对接作业 ⇨ 内部装饰

图 2-3-6 沉管法施工流程

2. 车站施工

车站按空间位置可分为地面、地下和高架车站,我国地铁车站基本上都是地下车站和高架车站,大部分车站建成两层,即站厅层和站台层,典型车站主体结构如图 2-3-7 所示。

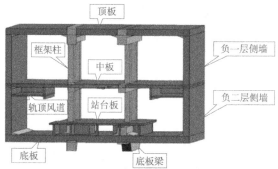

图 2-3-7 典型车站主体结构

浅埋车站或地面交通疏散简单的车站常采用明挖法施工。在交通疏散困难,人口、建筑物、地下管线等比较稠密的地段,地下车站多采用盖挖法施工。盖挖法是由地面向下开挖至一定深度后,将顶部封闭,其余的下部工程在封闭的顶盖下进行施工。主体结构可以顺作(自下而上),也可以逆作(自上而下)。盖挖法有三种施工方式,分别是盖挖顺作法(图 2-3-8)、盖挖逆作法(图 2-3-9)和盖挖半逆作法(图 2-3-10),其中盖挖顺作法在覆盖板的保护下基坑开挖到底后由下往上施作结构。盖挖逆作法在顶板的保护下边开挖边施作车站结构,无须设置水平支撑但需要处理横向施工缝。盖挖半逆作法在顶板的保护下开挖基坑,开挖到底后由下往上施作车站结构,需要设水平支撑和处理施工缝。盖挖法三种施工方式的对比如图 2-3-11 所示。

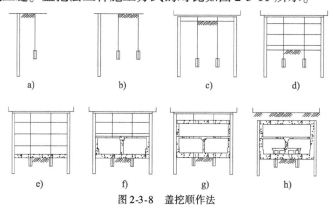

图 2-3-8 盖挖顺作法

模块2 城市轨道交通规划设计与施工建设

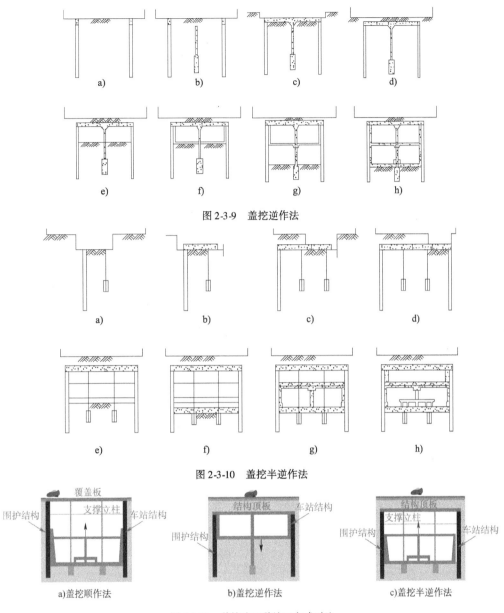

图 2-3-9 盖挖逆作法

图 2-3-10 盖挖半逆作法

图 2-3-11 盖挖法三种施工方式对比

---- 视 野 拓 展 ----

(1) **隧道的形状**。由于施工方法不同,城市轨道交通的隧道呈现不同的形状,常见的隧道形状有矩形、圆形、马蹄形、钟形,如图 2-3-12 所示。矿山法施工隧道是马蹄形,明挖法施工隧道是矩形,盾构法施工隧道是圆形。其中圆形隧道受力情况最好,能够均匀地承受来自地底四周的压力。

(2) **隧道内的设备**。隧道完工后,在隧道内要铺设轨道、电缆、通信、接触网(接触轨)等设施,如图 2-3-13 所示。"隧通、轨通、电通"是城市轨道交通建设的三个关键节点。

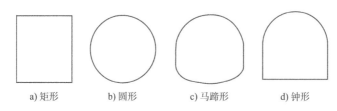

图 2-3-12　隧道的形状

图 2-3-13　隧道内设备及安装位置

(图片来源:广州地铁集团有限公司.地铁是怎样运营的[M].广州:新世纪出版社,2016.)

(3) **节能坡**。城市轨道交通地下车站站台线路应在一个坡道上,最好为平坡,有条件时车站宜布置在纵断面的凸形部位上,并设置合理的进、出站坡度。把车站设置在坡顶位置,列车进站上坡有利减速,出站下坡有利加速,起到节能的作用,如图 2-3-14 所示。

图 2-3-14　车站节能坡设计

三　限界

城市轨道交通限界在整个城市轨道交通系统设计、施工、维护中起着非常重要的作用。

限界是一种规定的轮廓线,轮廓线以内的空间是保证城市轨道交通列车安全运行所必需的空间,各种建筑物及设备均不得侵入其范围。城市轨道交通工程的设计与施工都是根据限界确定的,限界与城市轨道交通设计关系如图 2-3-15 所示。

城市轨道交通限界包含车辆限界、设备限界、建筑限界、接触轨(接触网)限界等,城市轨道交通工程区间隧道的断面尺寸就是根据这些限界确定的。限界越大,安全度越高,但工程量和工程投资也随之增加。因此,确定合理的限界既要保证列车运行的安全,又要考虑系统建设成本。

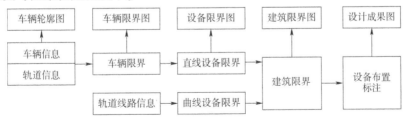

图 2-3-15　限界与城市轨道交通设计关系图

1. 车辆限界

车辆限界是车辆在正常运行状态下的一条最大动态包络线。

2. 设备限界

设备限界是指用来限制设备安装位置和空间的控制线。任何设备不得侵入设备限界以内。设备限界与车辆限界间留有一定的安全空间。

3. 建筑限界

建筑限界包括隧道建筑限界、高架桥建筑限界和车站建筑限界。

4. 接触轨(或接触网)**限界**

接触轨(或接触网)限界是城市轨道交通供电系统的第三轨供电方式的接触轨或架空方式接触网设计位置的轮廓尺寸。

隧道内所有的设备安装空间位于建筑限界和设备限界之间,不得侵入车辆限界。限界示意图如图 2-3-16 ~ 图 2-3-19 所示。

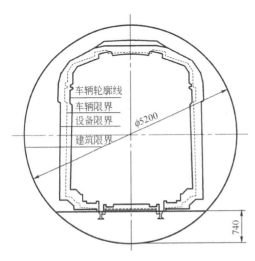

图 2-3-16　某地铁线路区间直线地段圆形隧道限界
(尺寸单位:mm)

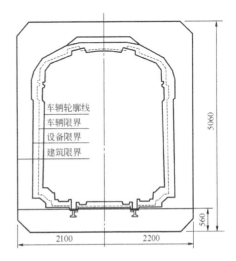

图 2-3-17　某地铁线路区间直线地段矩形隧道限界
(尺寸单位:mm)

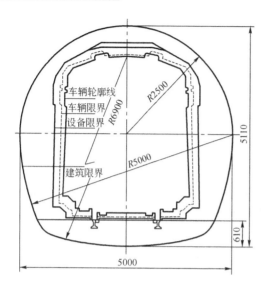 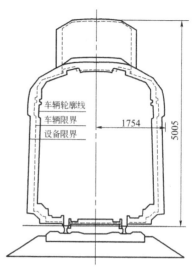

图 2-3-18 某地铁线路区间直线地段马蹄形隧道限界（尺寸单位：mm）

图 2-3-19 某地铁线路区间直线地段地面、高架限界（尺寸单位：mm）

模块 3

城市轨道交通设施设备构成

📖 知识目标

（1）识记线路的类型、设计位置与功能，叙述轨道的结构与组成；
（2）区别车站的类型，叙述车站的组成，识别车站的设备；
（3）区分城轨车辆的类型，识别车辆机械电气设备，认知车辆段的布局及主要设施设备；
（4）掌握变电所设备组成及功能、电力监控系统组成及功能、接触网的类型及结构；
（5）掌握信号系统组成及功能；
（6）掌握通信系统作用、结构组成及各子系统布置与功能；
（7）掌握自动售检票系统、防灾报警系统、环境控制系统、电扶梯系统、站台门系统、给排水系统、安防系统、综合监控系统等的组成与功能。

能力目标

（1）能看懂简单的线路设计内容；
（2）能区分车站的类型；
（3）能认识车辆相关设备；
（4）能认识供电设备；
（5）能辨别地面信号与车载信号；
（6）能看懂综合监控系统的界面。

素质目标

（1）初步树立学生对城市轨道交通行业的认同感和职业自信；
（2）初步培养学生规范意识与安全意识；
（3）初步树立学生系统观念和全局意识，培养多岗位协作的团队精神。

建议学时

30 学时。

模块任务

请学习本模块内容，完成书末附录 3 模块 3 学习任务单（一）至附录 7 模块 3 学习任务单（五）。

学习分组

建议学习者组建学习小组，制订学习计划，共同完成相关任务。

姓　　名	学　　号	分　　工	备　　注	学习计划
			组长	

任务准备

引导问题 1　请判断正误：城市轨道交通车辆普遍在运行过程中采用动拖结合的编组方式。（　　）

引导问题 2　请判断正误：按设备差异分类，车辆分为 A 车（为带有驾驶室的拖车）、B 车（无驾驶室的动车，一般带有空压机）和 C 车（无驾驶室的动车，一般装有受流装置）。（　　）

引导问题 3　请判断正误：接触网的网压电源为 DC1500V，说明电源是交流 1500V。（　　）

引导问题 4　请判断正误：出入段线通常设置为双线。（　　）

引导问题 5　请判断正误：上海地铁和广州地铁采用集中式供电。（　　）

引导问题 6　请判断正误：正常情况下，地铁两个主变电所采用互为备用设计来提高供电系统的可靠性。（　　）

引导问题 7　请判断正误：无论采用何种新技术，信号系统的设计理念不会改变：区间（或闭塞分区）内任何时候只允许有一列列车运行。（　　）

引导问题 8　请判断正误：一般来说，道岔号越大，列车侧线通过道岔时就越平稳，允许的过岔速度也就越高。（　　）

引导问题 9　通常，转向架的标准轨距为(　　)mm。
A. 1353　　　　B. 1345　　　　C. 1435　　　　D. 1450

引导问题 10　(　　)是城市轨道交通电力牵引系统必需的能源。
A. 电能　　　　B. 机械能　　　　C. 热能　　　　D. 化学能

引导问题 11　以下哪个属于一级负荷？(　　)
A. 车站空调系统用电　　　　B. 列车牵引供电
C. 自动售检票机　　　　D. 广告照明

引导问题 12　经过列车的受电器向列车供给电能的导电网是(　　)。
A. 回流线　　　　B. 馈电线　　　　C. 接触网　　　　D. 牵引变电所

引导问题 13　以下哪个折返方式不属于渡线折返？(　　)
A. 站前折返　　　　B. 站后折返　　　　C. 区间折返　　　　D. 环形折返

引导问题 14　下列属于车站运营辅助用房的是(　　)。
A. 值班室　　　　B. 卫生间
C. 照明配电室　　　　D. 环境与通风用房

引导问题 15　地下车站按埋深(　　)为界来区分深埋车站和浅埋车站。
A. 10m　　　　B. 20m　　　　C. 30m　　　　D. 40m

引导问题 16　信号机显示(　　)灯光表示禁止列车越过该信号机。
A. 红色　　　　B. 绿色　　　　C. 黄色　　　　D. 月白色

引导问题 17　关于联锁，下列说法错误的是(　　)。

A. 防止建立会导致机车车辆相冲突的进路
B. 进路内所有区段空闲才能开放信号
C. 道岔位置正确并锁闭后，信号方可开放
D. 进路解锁前，所有相关道岔可以转动

引导问题 18 以下哪些不属于专用电话系统？（　　）
A. 调度电话　　　　　　　　B. 各运营企业对外固定电话
C. 轨道沿线电话　　　　　　D. 车站集中电话机

引导问题 19 站台门系统可以分为_____型站台门和_____型站台门。

引导问题 20 轨道交通线路间的换乘主要通过站台直接换乘、_____和通道换乘三种方式来实现。

引导问题 21 车站主要由车站主体、_____、通风道及地面通风亭组成。

引导问题 22 线路_____是沿线路中心线展直后的轨面高程在铅垂线上的投影。

引导问题 23 _____是车辆在正常运行状态下运行时形成的最大动态包络线，也就是限制车辆的最大允许尺寸轮廓图形。

引导问题 24 _____为城市轨道交通系统管理与运行提供统一的时间标准的专用系统。其系统设置对保证轨道交通运行计时准确、提高运营效率，起到非常重要的作用。

引导问题 25 配线是为了保证正线运行，合理调度列车，为空载列车提供折返、停放、检查、转线和出入车辆段而配置的线路。配线分为_____、渡线、停车线、出入车厂线和_____等。

引导问题 26 轨道一般由_____、轨枕、扣件、道床、_____及其他附属设备等组成。

引导问题 27 城市轨道交通车站按运营性质应如何分类？

引导问题 28 城市轨道交通车辆的结构组成是什么？

引导问题 29 城市轨道交通供电系统的结构组成是什么？

引导问题 30 列举你知道的城市轨道交通信号基础设备。

引导问题 31 城市轨道交通通信系统的组成是什么？

引导问题 32 城市轨道交通系统常见机电设备包括哪些？

知识储备

3.1 运行轨迹之线路

城市轨道交通线路是城市轨道列车运行的基础,是城市轨道交通系统的基本组成部分。线路必须满足行车安全、线路平顺与养护方便等要求,并保证一定的舒适度。

一 城市轨道交通线路的特点

对比城际铁路线路,城市轨道交通线路有如下特点:

(1)城市轨道交通线路一经建成,无论其是地下线路、地面线路还是高架线路,改变位置都十分困难,建成后的改建会引起周围建筑、道路等很大的拆迁工程量,并破坏多年来逐渐形成的城市环境。因此,线路设计要进行长远考虑。

(2)城市轨道交通线路一般为双线,通常每条线路设有车辆段和停车场。车站没有经常性的调车作业,为节省用地,一般车站不设到发线,车辆集中停放在车辆段或停车场。

(3)线路主要用于客运,列车质量较小,不受机车牵引力的限制,因此限制坡度较大。

(4)客流平均运距短,站间距较小。

(5)客流可接受的等待时间较短,要求发车间隔时间不能太长,一般不长于10min,短时间内聚集的客流量有限,因而列车编组长度通常为4~8节,比城际列车编组短。

二 城市轨道交通线路的分类

1.按线路的空间位置分类

城市轨道交通线路按其敷设方式可分为地下线路、地面线路和高架线路。

图3-1-1 地下线路

(1)地下线路(图3-1-1)常用于地铁,敷设于地下隧道中。其优点是与地面交通分离,不占城市地面空间,受气候影响小。其缺点是需要较大的建设成本,需要较高的施工技术以及完善的环境监控、防灾设施和设备,建设过程会影响地面交通,运营成本较高,改造调整和线路维护较困难。地下线路常采用明挖法、盖挖法、盾构法等进行施工。

(2)地面线路(图3-1-2)直接敷设于路面上,一般采用独立路基的方式,减少与地面道路交通的相互干扰。其优点是造价较低,施工简便,运营成本低,线路调整和维护方便。其缺点是运营速度难以提高,占地面积较多,影响城市道路交通,容易受气候影响。

(3)高架线路(图3-1-3)设在高架工程结构物上,保持专用道形式。其与地面交通无干扰,造价介于地下线路和地面线路之间,施工、维护、管理、环境监控、防灾等方面都较简单;但要占用一定的城市用地,并有噪声等负面效应,也受气候变化的影响。

图3-1-2　地面线路

图3-1-3　高架线路

2. 按线路的运营作用分类

城市轨道交通线路按其在运营中的作用可分为正线(干线与支线)、配线和车场线。

(1)正线。

正线(图3-1-4)是贯穿所有车站、区间,供列车日常运行的载客运营线路,一般为上、下行双线设计,采用单向右侧行车制。正线的行车速度高,行车间隔小,为了保证行车安全和乘坐的舒适性,线路标准要求最高。

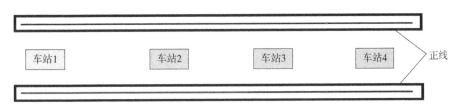

图3-1-4　正线示意图

南北走向的线路,通常将南向北的方向定义为上行方向,北向南的方向则定义为下行方向;东西走向的线路,将西向东的方向定义为上行方向,东向西的方向定义为下行方向;环形线路则将列车在外侧轨道线路运行的方向定义为上行方向,在内侧轨道线路运行的方向定义为下行方向。

(2)配线。

配线是为了保证正线运行,合理调度列车,为空载列车提供折返、停放、检修、转线和出入车辆段而配置的线路。配线分为折返线、渡线、停车线、出入车场线和联络线等,一般不行驶载客车辆,速度要求较低,故线路标准也较低。

① 折返线。

折返线是指专供列车换端折返的线路,通常设置在线路的终点站或部分中间车站。折返线有多种形式,如图3-1-5所示。除了供运营列车往返运行时的掉头转线使用外,有些折返线也有夜间存车功能。

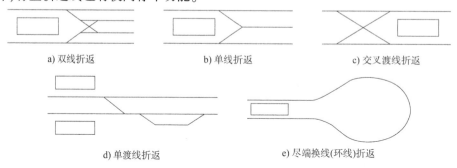

图3-1-5 各种折返线示意图

──── ▷ 视 野 拓 展 ◁ ────

列车折返是指列车运行至终点站或折返站时,进入折返线路,改变运行方向的过程。按照折返线设置于车站的位置,可分为站前折返和站后折返,如图3-1-6、图3-1-7所示。

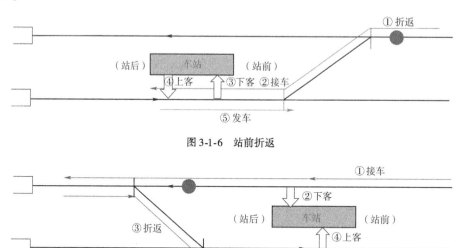

图3-1-6 站前折返

图3-1-7 站后折返

站前折返的优点包括:列车空车走行少,折返时间较短;乘客能同时上下车,可缩短停站时间;车站正线兼有折返作用,能减少投资费用。缺点有折返过程中占用区间线路,存在一定的进路交叉,对行车安全有威胁;进出站侧向通过道岔,列车速度受到限制、影响乘坐舒适感;客流量大时,可能会引起站台客流秩序的混乱。城市轨道交通系统中较少采用这种折返模式,特别是当行车密度高、列车运行间隔短的条件下一般不会采用站前折返方式。

站后折返的优点包括：避免进路交叉问题，安全性能良好；列车进出站速度较高，有利于提高运行速度；列车进出站不需通过道岔区段，乘客无不适感；当利用尽端线进行折返时，折返线既可供列车折返，也可供列车临时停留检修。缺点是列车折返时间较长。目前城市轨道交通系统常采用站后折返的方式。

另外，列车可以利用存车线折返。这种折返方式在正线轨道出现故障时使用，列车先驶入轨道中间的存车线，再换端进行折返，如图3-1-8所示。

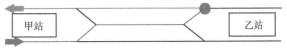

图3-1-8 存车线折返

②渡线。

渡线是用于改变列车运行进路或者运行方向的线路，设置在上下行正线之间，通过一组联动道岔起到转线的作用。渡线有单渡线和交叉渡线两种形式，如图3-1-9所示。

a) 单渡线　　　　　　　　　　　　b) 交叉渡线

图3-1-9 渡线

③存车线。

存车线是指专门用于列车停放使用，或可开展少量检修作业，一般设置于终点站或中间车站，如图3-1-10所示。当出现非正常情况时，为了使故障列车及时退出运营不影响后续列车运行，一般每隔3~5个车站都会设置临时存车线。

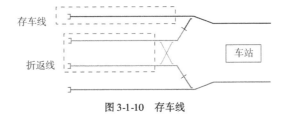

图3-1-10 存车线

④出入车场线。

为了保证列车的停放和检修，在城市轨道交通线路沿线适当位置设置车辆基地。出入车场线就是列车从车辆基地到正线之间的连接线，专供列车进出车辆基地。地铁列车的出入车场线一般是双线设计，分为入场线和出场线，如图3-1-11所示。

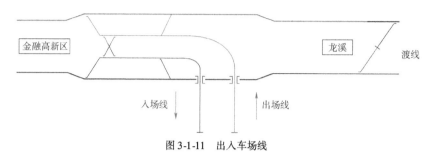

图 3-1-11　出入车场线

⑤联络线。

联络线(图3-1-12)是城市轨道交通线路之间为列车转场、过线等作业方便实施而设置的连接线路,主要用于车辆送修、车辆调运、设备运送等。

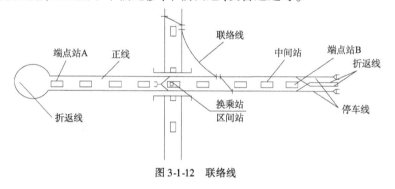

图 3-1-12　联络线

⑥车场线。

除正线以外,每条运营线至少设有一个车辆基地,内部铺设若干线路,用于运营结束后列车停放、检修、试车、调车等作业,这些线路统称车场线,如图 3-1-13 所示。列车在车辆基地内运行速度较低,故线路标准只要能满足车辆基地作业即可。车场线包含的主要线路如下。

a)停车线

b)检修线

c)试车线

d)洗车线

图 3-1-13　车场线

a. 停车线:在车辆基地内,供夜间停止运营列车停放的线路。在车辆基地内,要设有足够的停车线以供夜间停止运营后的列车停放。

b. 检修线:设在车辆基地检修库内,专门用于检修轨道交通车辆的作业线。配有地沟、立体检修台、架车设备、检修设备等。

c. 试车线:设在车辆基地,用于对检修完毕的轨道交通车辆进行运行状态检测的线路。为达到必要的运行速度,试车线需有一定长度标准和平纵断面特点。

d. 调车线:用于进行列车进出、连接、摘挂与解体的作业线。

e. 洗车线:用于清洗车辆的作业线。

三 城市轨道交通轨道组成

轨道是城市轨道交通线路的重要组成部分。作为一个整体性工程结构,轨道铺设在路基之上,起着列车运行的导向作用,直接承受列车车辆及其载荷的巨大压力。轨道一般由钢轨、轨枕、扣件、道床、道岔及其他附属设备组成,如图 3-1-14 所示。在列车运行的动力作用下,轨道的各个组成部分必须具有足够的强度和稳定性,保证列车按照规定的速度,安全、平稳和不间断运行。

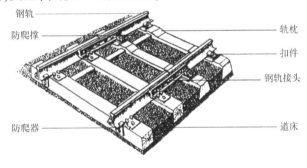

图 3-1-14 轨道构成图

1. 钢轨

城市轨道交通线路上的钢轨是指安装在轨枕或路基之上的由钢铁材料制成的金属构筑物,要求必须具备足够的强度、稳定性和耐磨性。钢轨断面形状呈工字形,由轨头、轨腰、轨底三大部分组成,如图 3-1-15 所示。这种形状受力好,抗弯性能好,节省材料。

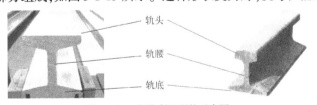

图 3-1-15 钢轨断面形状示意图

(1)钢轨的类型。

钢轨的类型和强度以 kg/m 来表示。每米钢轨的质量越大,它所承受的荷载越大。我国现行的钢轨标准主要有 50kg/m、60kg/m、75kg/m 三种。目前城市轨道交通线路的正线、出入场线一般采用 60kg/m 钢轨,车场线除试车线采用 60kg/m 钢轨以外其余采用50kg/m钢轨。

(2)钢轨的连接。

我国钢轨标准长度有12.5m和25m两种。目前城市轨道交通线路上钢轨之间的连接安装方法有传统连接法和新型连接法两种。

①传统连接法。

在两根定长的钢轨用接头夹板和接头螺栓连接,如图3-1-16所示。各节钢轨之间的接头称为钢轨接头,接头处养护维护工作量大。

②新型连接法。

将一节节钢轨用持续焊接的方式接成连续的一条,也称无缝钢轨或长钢轨。由于减少了接缝,路轨强度提高,摩擦力减小,维护工作量减少,车辆行驶更顺畅平稳,适合高速运行。城市轨道交通线路基本采用无缝钢轨,其焊接施工现场如图3-1-17所示。

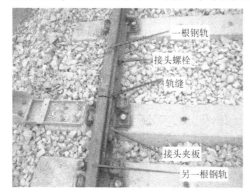

图3-1-16　钢轨传统连接法

图3-1-17　无缝钢轨的焊接

(3)钢轨的作用。

钢轨的作用主要有如下几点:引导机车车辆的车轮运行,直接承受车轮的巨大作用力,为车轮的滚动提供连续、平顺和阻力较小的表面,可作为轨道电路使用(如作为牵引电力的回路使用)。

2. 轨枕

轨枕是承垫于钢轨之下,将钢轨所承受的重量压力平均传递到道床上,同时有效保持钢轨几何形位的轨道部件,如图3-1-18所示。

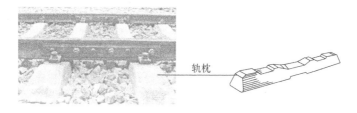

图3-1-18　轨枕

(1)轨枕的分类。

①按照铺设位置的不同,轨枕主要分为普枕、岔枕和桥枕三类。

a. 普枕:用于普通线路地段和主要区间线路,长度一般为 2.5m。

b. 岔枕:用于道岔区段,长度从 2.5m 到 4.8m 不等。

c. 桥枕:用于高架桥上,需要设置护轨,所以多为特型轨枕。

②按照制造材质的不同,轨枕主要分为木枕、混凝土枕、合成枕和钢枕,如图 3-1-19 所示。

a) 木枕　　　　　　　　　　　b) 合成枕

图 3-1-19　不同材质的轨枕

a. 木枕:一般由马尾松、落叶松等油脂含量比较高的木料制成,经过特别的加工和防腐处理。木枕相对弹性好,绝缘性好,加工、运输、铺设简单;缺点是弹性、强度不均匀,几何形位保持困难,易腐蚀,使用年限短(10 年左右),不环保。目前木枕在城市轨道交通线路应用较少,一般应用在临时轨道或需要承受较大振荡的道岔。

b. 混凝土枕:使用钢筋和混凝土浇筑而成。目前使用的混凝土枕基本都是预应力轨枕,相对阻力大,稳定性好,保持轨距能力强,使用年限长(50 年左右),养护维护量小,目前城市轨道交通线路应用较多。

c. 合成枕:使用由玻璃纤维和硬质聚氨酯为主要原料的合成树脂制成。特点是质量小、耐腐蚀、持钉能力强、弹性好等,但是价格昂贵。目前一般只在道岔、小半径曲线轨道等位置使用。

d. 钢枕:由钢材铸造而成,目前在城市轨道交通线路上使用很少。

(2)轨枕的作用。

轨枕的作用主要有以下几点:支承钢轨,并把压力传递到道床;便于固定钢轨;有抵抗纵向和横向位移的能力;保持轨道的几何形位,特别是轨距和方向。因此,轨枕应具有必要的坚固性、弹性和耐久性。

3. 扣件

扣件是钢轨和轨枕之间的连接零件,主要作用是将钢轨固定在轨枕上,保持轨距并阻止钢轨的横向、纵向位移,也能提供适当的弹性,并有一定的可调性和绝缘性,如图 3-1-20 所示。

扣件的种类很多,地铁扣件可分为普通扣件、减振扣件和特殊扣件,如图 3-1-21 所示。

4. 道床

道床是指轨枕下面、路基上面铺设的碎石、卵石层或混凝土层,呈上窄下宽的梯形状,如图 3-1-22 所示。

图 3-1-20　扣件

图 3-1-21　不同类型的扣件

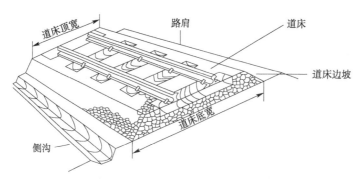

图 3-1-22　道床示意图

(1)道床的作用。

道床的作用有:支承轨枕;固定轨枕的位置;阻止轨枕发生纵向或横向的移动;将

轨枕上部的巨大荷载均匀地分布到路基面上;减小路基的变形等。

(2)道床的分类。

城市轨道交通线路道床的类型主要有碎石道床(又称有砟道床)与整体道床(又称无砟道床),其中整体道床包括无枕式整体道床、轨枕式整体道床、弹性整体道床等。部分道床类型如图3-1-23所示。

a)碎石道床

b)轨枕式整体道床(短枕道床)

c)轨枕式整体道床(长枕道床)

图3-1-23 部分道床类型

①碎石道床:用碎石构筑的道床。优点是弹性好、施工简单、造价低,缺点是易变性流失、易磨损激发灰尘、维护工作量大等。在城市轨道交通车辆段和停车场使用。

②整体道床:用混凝土浇筑制成的道床。优点是整体性好,坚固、稳定、耐久;轨道建筑高度小,隧道净空少,轨道维修量小,可适应地铁和轻轨运营时间长、维修时间短的特点。缺点是弹性差,列车运行引起的振动、噪声大,造价高,施工时间长。

无枕式整体道床不设置专门的轨枕,扣件、扣件预埋件直接埋设于钢筋混凝土道床、混凝土支撑块或混凝土立柱等混凝土结构内,多见于城市轨道交通高架线路和停车场。

轨枕式整体道床可分为短枕式和长枕式两种。短枕式整体道床的短轨枕在工厂预制,其横断面为梯形,底部外露钢筋钩,以加强短轨枕与混凝土的连接。这种道床稳定、耐久性好,结构简单、造价低,施工进度快。长枕式整体道床的长轨枕一般预留圆孔,纵向钢筋从圆孔穿过,以加强长轨枕与混凝土的连接,使道床更坚固、稳定和整洁美观。这种道床适用于软土地基隧道,可采用轨排法施工,施工进度快,施工精度亦容易得到保证。

5. 道岔

道岔是一种使列车车辆从某一股道转入另一股道的线路转线设备,通常在车站、车辆段和停车场大量使用。由于道岔具有结构复杂、使用寿命短、限制列车速度、行车安全性低、养护维护量大等特点,其与曲线轨道、钢轨接头并称为轨道的三大薄弱环节。

(1) 道岔的构成。

最常见的道岔是普通单开道岔,主要由转辙机、连接部分、辙叉及护轨组成,如图 3-1-24 所示。当车辆要从 A 股道转入 B 股道时,操纵转辙机械使尖轨移动位置,尖轨 1 密贴基本轨 1,尖轨 2 脱离基本轨 2,即开通 B 股道,关闭 A 股道;车辆进入连接部分,沿着导曲线轨过渡到辙叉及护轨单元,进而完全进入 B 股道。辙叉及护轨单元包括固定辙叉心、翼轨及护轨,作用是保护车轮安全通过两股轨线的交叉处。

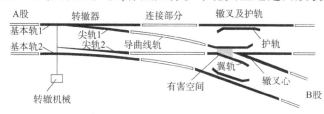

图 3-1-24 普通单开道岔示意图

(2) 道岔的位置。

普通单开道岔经常开通的方向称为定位,反之另一方向为反位。当道岔发生挤岔等事故时,道岔可能处于四开位。

(3) 道岔的类型。

道岔按用途和结构分为单式道岔、复式道岔、交分道岔、渡线。其中,使一条线路通向两条线路的道岔叫单式道岔,最常见的是普通单开道岔。普通单开道岔保持主线为直线,侧线在主线的左侧或右侧岔出。面对道岔尖轨,侧线向右侧岔出的单式道岔称为右向单开道岔,简称"右开道岔";侧线向左侧岔出的单式道岔称为左向单开道岔,简称"左开道岔"。为了节省用地,缩短线路总长,或受地形限制,道岔铺设位置不能按照一前一后逐组错开铺设,必须把一组道岔纳入另一组道岔内时,便形成复式道岔,如三开道岔。两条线路相互交叉,列车能够由一条线路转入另一线路,这种道岔叫交分道岔,包含单式交分道岔和复式交分道岔两种类型。利用道岔或利用固定交叉连接两条相邻线路的设备,称为渡线。各类型道岔如图 3-1-25 所示。

a) 单开道岔

b) 三开道岔

图 3-1-25

c)交分道岔

图 3-1-25 不同类型的道岔

———— 视 野 拓 展 ————

道岔辙叉心所形成的角称为辙叉角,它有大有小。道岔号码(N)代表了道岔各个部分的主要尺寸,通常用辙叉角(α)的余切值来表示,即 $N = \cot\alpha = FE/AE$,如图 3-1-26 所示。辙叉角 α 越小,N 值就越大,导曲线半径也越大,列车侧线通过道岔时就越平稳,允许的过岔速度也就越高。

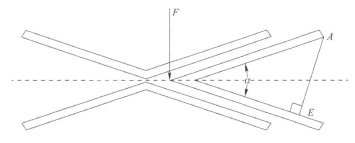

图 3-1-26 辙叉角

城市轨道交通常用的单开道岔有 7 号、9 号、12 号三种,其参数见表 3-1-1。一般地铁正线用 12 号道岔多,9 号道岔次之,7 号道岔主要运用于车辆基地。

城市轨道交通 7 号、9 号、12 号道岔参数　　　　表 3-1-1

道岔号(余切值)	道岔限速(km/h)	道岔总长(m)	道岔半径(m)
7	25	23.627	150
9	35	28.3	200
12	50	37.8	350

3.2　乘客中心之车站

车站不仅是城市轨道交通系统中乘客上下车和换乘的场所,也是列车到发、通过、折返、临时停车的地点,还是运营管理人员主要的工作场所。它是城市轨道交通线网中一种重要的建筑物,具有集聚、城市景观等功能。作为城市轨道交通系统的乘客中心,车站应能保证乘客安全、方便、迅速地进出站,并有良好的通风、照明、卫生、防灾设备等。车站容纳了运营中很大一部分技术设备和管理系统,对保障城市轨道交通安全运行起到至关重要的作用。

一 城市轨道交通车站的组成

城市轨道交通车站的组成可以从使用功能和建筑空间位置两个方面来看。根据使用功能,车站分为公共区、管理及设备区,其中公共区包括站厅、站台、出入口和换乘通道等部分,管理及设备区包括管理及设备用房、设备区等如图3-2-1所示。

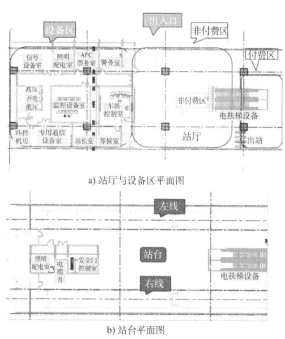

a) 站厅与设备区平面图

b) 站台平面图

c) 站台　　　　　　　　d) 站厅　　　　　　　　e) 管理及设备用房

图3-2-1　站厅、设备区、站台、管理及设备用房

(1)站厅:供乘客聚集或疏散的场所,包括非付费区和付费区。非付费区是乘客购票、安检、进入闸机前的活动区域,通过闸机后的区域为付费区。付费区包括站台、楼梯和自动扶梯、导向标志等。站厅内设置有售票、检票、问询等为乘客服务的各种设施,具有组织和分配客流的作用。

(2)站台:供乘客上、下车的平台,可作为短暂的停留候车场所。

(3)管理及设备区:用于布置车站管理和设备用房的区域,不允许车站乘客进入。管理和设备用房分为运营管理用房、设备用房和辅助用房三类。

①运营管理用房是为保证车站具有正常条件和运营秩序而设置的办公用房,由进行日常工作和管理的部门及人员使用,主要包括车站控制室、站长室、会议室、保洁间等。

②设备用房是为保证列车正常运行、车站内具有良好环境条件及在事故灾害情况下能够及时排除灾情而设立的,主要包括环控室、变电所、综合监控室、车站控制室、防灾中心、通信设备室、信号设备室、消防泵房、污水泵房、废水泵房、照明配电室、工区用房、附属用房及设施等。

③辅助用房是为保证车站内部工作人员正常工作生活所设置的用房,主要包括卫生间、更衣室、休息室、茶水间、盥洗间、储藏室等。

根据建筑空间位置,地下车站包括出入口及通道、车站主体(站厅、站台、生产及生活用房)、通风道及风亭(地下车站具有)及其他附属建筑等,如图 3-2-2 所示;高架车站一般由车站主体、出入口及通道组成;地面车站可以仅设车站主体和出入口。

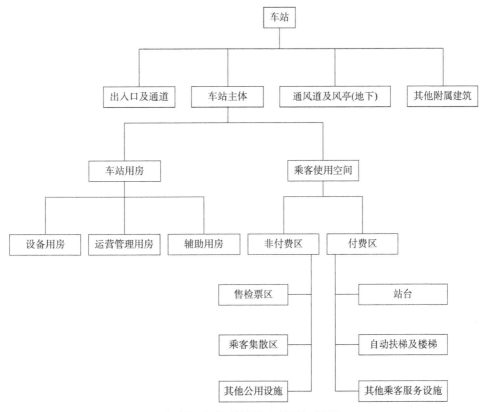

a)根据建筑空间位置划分的地下车站组成部分

图 3-2-2

b)高架车站主体、通道、风亭

图 3-2-2 根据空间位置划分的车站组成

(1)车站主体:列车在线路上的停车点,其作用是供乘客集散、候车、换乘及上、下车。它也是城市轨道交通运营设备设置的中心和办理运营业务的区域,包括乘客使用空间和车站用房。

乘客使用空间在车站建筑中很重要,面积占车站总面积的50%左右。乘客使用空间是直接为乘客服务的场所,主要包括站厅、站台、出入口、通道、售票处、检票口、问询处、楼梯及自动扶梯等。

(2)出入口及通道:乘客进、出车站的建筑设施,主要功能是吸引和疏散客流。

(3)通风道及风亭:保证地下车站具有舒适的地下环境。

二 城市轨道交通车站的类型

城市轨道交通车站可根据运营性质、车站规模、空间位置、埋深、结构横断面形式、站台形式及换乘方式的不同进行分类。

1. 按车站运营性质分类

按照车站运营性质的不同,车站的类型主要有以下几种(图 3-2-3):

(1)终点站:设置在线路两端的车站。就列车上、下行而言,终点站也是起点站(或起始站)。终点站设有可供列车折返的折返线和设备,也可供列车临时停留检修。

(2)中间站(一般站):设在线路两端之间的车站,仅供乘客上、下车之用。中间站功能单一,是地铁、轻轨最常用的车站。

(3)换乘站:位于两条及两条以上线路交点上的车站。除具有中间站的功能外,它还可以供乘客通过换乘设施从一条线路换乘到另一条线路。

(4)区间站(区域站、折返站):设在两种不同行车密度交界处的车站。区域站兼有中间站的功能。

(5)联运站:单向具有一条以上停车线,站内有两种不同性质的列车线路进行联运及客流换乘,具有中间站及换乘站的双重功能。

(6)枢纽站:以轨道交通换乘为主、地面公交衔接换乘为辅,提供不同交通工具、不同方向客流转换服务的综合车站。

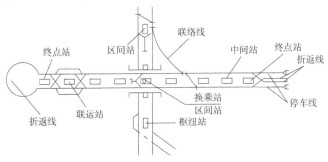

图 3-2-3　按运营性质分类的车站示意图

2.按车站信号功能分类

根据信号功能不同,车站可分为联锁集中站和非联锁集中站。

(1)联锁集中站:具有信号联锁设备的车站,通常可以监控列车的运行、排列列车进路。联锁集中站范围内通常有道岔设备。

(2)非联锁集中站:不具有信号联锁设备的车站,通常不能监控列车运行和进路排列。非联锁集中站范围内通常没有道岔设备。

3.按车站空间位置分类

按照相对于地面的位置,车站可分为地下车站、地面车站和高架车站,如图 3-2-4 所示。

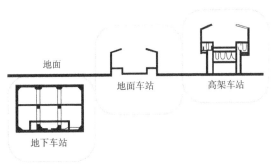

图 3-2-4　按空间位置分类的车站示意图

4.按车站埋深分类

(1)地下车站按照顶板覆土埋深分为浅埋车站和深埋车站。

①浅埋车站:车站结构顶板位于地面以下 20m 以内的深度。浅埋车站由于车站的埋置深度小,可使土方开挖量减少、出入口通道客流上下高度减小、建设投资减少。

②深埋车站：车站结构顶板位于地面以下超过20m的深度。深埋车站一般设在稳定或坚固地层内。深埋车站因受周边环境的影响和线路走向的制约，必须较深地建于地下，随之而来的是施工技术难度加大、土方开挖量增加、投资较大等。

(2) 高架车站按结构分为站桥合一车站和站桥分离车站。

①站桥合一车站：高架车站的结构和站内轨道结构是施作在一起的。

②站桥分离车站：高架车站的结构和站内轨道结构是连通的。

5. 按车站结构横断面形式分类

车站结构横断面形式主要根据车站埋深、工程地质条件、水文地质条件、施工方法、建筑艺术效果等因素决定。在选择车站结构横断面形式时，应考虑结构的合理性、经济性、施工技术难度和设备条件。车站结构横断面形式主要有以下几种（图3-2-5）。

a) 矩形断面车站　　　　　　b) 拱形断面车站

c) 圆形断面车站　　　　　　d) 马蹄形断面车站

图 3-2-5　按车站结构横断面分类的车站示意图

(1) 矩形断面：矩形断面是车站最常用的结构形式，一般用于浅埋车站，多采用明挖法施工。车站可设计成单层、双层或多层；跨度可选用单跨、双跨、三跨及多跨的形式，如图3-2-6所示。

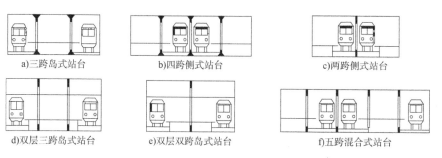

a) 三跨岛式站台　　　　b) 四跨侧式站台　　　　c) 两跨侧式站台

d) 双层三跨岛式站台　　e) 双层双跨岛式站台　　f) 五跨混合式站台

图 3-2-6　矩形断面车站

(2)拱形断面:拱形断面多用于深埋车站,多采用矿山法施工,有单拱和多跨连拱等形式,如图3-2-7所示。单拱断面由于中部起拱,高度较大,两侧拱角处相对较低,中间无柱,因此建筑空间显得高大宽阔,如建筑处理得当,可以得到理想的建筑艺术效果。

(3)圆形断面:圆形断面一般用于深埋或盾构法施工的车站,如图3-2-8所示。

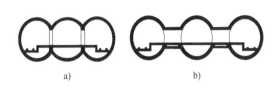

图3-2-7 拱形断面车站

图3-2-8 圆形断面车站

(4)其他类型断面:有马蹄形(图3-2-9)、椭圆形等。

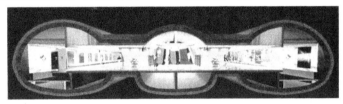

图3-2-9 马蹄形断面车站——广州越秀公园站

6. 按车站站台形式分类

根据车站站台的形式,车站分为岛式站台车站、侧式站台车站、岛侧混合式站台车站。

(1)岛式站台车站。

站台位于上下行行车线路之间,这种站台布置形式称为岛式站台,如图3-2-10所示。岛式站台车站具有站台面积利用率高、能灵活调剂客流、乘客中途改变乘车方向方便、车站集中管理、站台空间宽敞等优点。

(2)侧式站台车站。

侧式站台车站的站台位于轨道线路两侧,如图3-2-11所示。这种车站的优点是上、下行乘客可避免相互干扰,正线和站线间可不设喇叭口,造价低,改建容易;缺点是站台面积利用率低,不可调剂客流,中途改变方向须经过地道或天桥,车站管理分散,站台空间不如岛式车站宽阔。

图3-2-10 岛式站台车站

图3-2-11 侧式站台车站

(3)岛侧混合式站台车站。

将岛式站台及侧式站台设在同一个车站,这种站台称为岛侧混合式站台车站。这种车站主要用于两侧站台换乘或列车折返,可以布置成一岛一侧式或一岛两侧式,如图 3-2-12 所示。

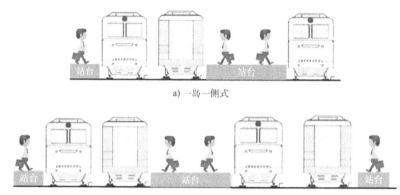

a) 一岛一侧式

b) 一岛两侧式

图 3-2-12　岛侧混合式站台车站

7. 按车站换乘形式分类(对于换乘车站)

换乘车站按照换乘形式的不同,可分为站台直接换乘、站厅换乘和通道换乘车站,如图 3-2-13 所示。

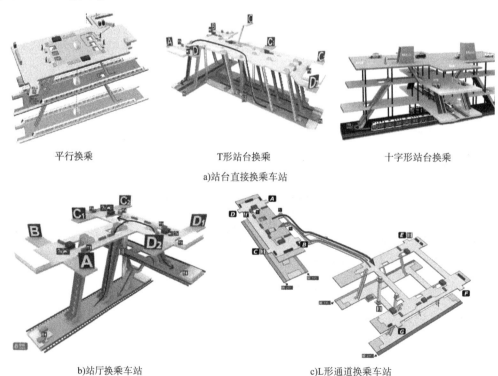

平行换乘　　　　　　　T形站台换乘　　　　　　十字形站台换乘

a)站台直接换乘车站

b)站厅换乘车站　　　　　　　c)L形通道换乘车站

图 3-2-13　按换乘形式的车站分类

三 城市轨道交通车站运营设备

城市轨道交通车站容纳了大量技术设备,具体包括自动售检票系统(图3-2-14)、电梯系统(图3-2-15)、站台门系统(图3-2-16)、火灾自动报警系统(图3-2-17)、环境与设备监控系统(图3-2-18)、给排水系统、低压配电与照明系统和综合监控系统等。其中综合监控系统(ISCS)采用集成和互联方式将电力监控系统、环境与设备监控系统、站台门系统、防火灾报警系统等集成监控,具体集成和互联的方式在本模块机电设备小节详细讲述。

a)自动售票机(TVM)

b)半自动售票机(BOM)

c)自动检票机(AG)

d)自动查询机(TCM)

图3-2-14　自动售检票系统

a)直梯

b)扶梯

图3-2-15　电梯系统

a)全高站台门　　　　　　　　　b)半高站台门

图 3-2-16　站台门系统

a)烟雾传感器　　　　　　　　　b)温度传感器

c)防火卷帘门　　　　　　　　　d)火灾手动报警按钮

e)消防电话　　　　　　　　　　f)消火栓

g)灭火器　　　　　　　　　　　h)气体灭火系统

图 3-2-17

模块3　城市轨道交通设施设备构成

i) 火灾报警控制器

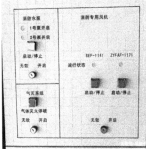

j) 综合后备盘(IBP)上的火灾
报警系统操作模块

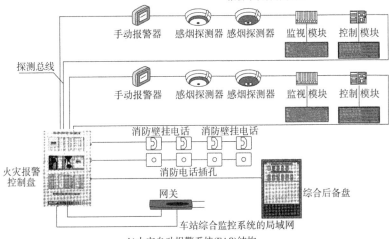

k) 火灾自动报警系统(FAS)结构

图 3-2-17　火灾自动报警系统

a) 各类传感器

b) 环境与设备监控系统(BAS)的可编程逻辑
控制器(PLC)及输入/输出(I/O)模块

c) BAS系统交换机

d) 风机

图　3-2-18

e) 空调机组  f) 冷水机组

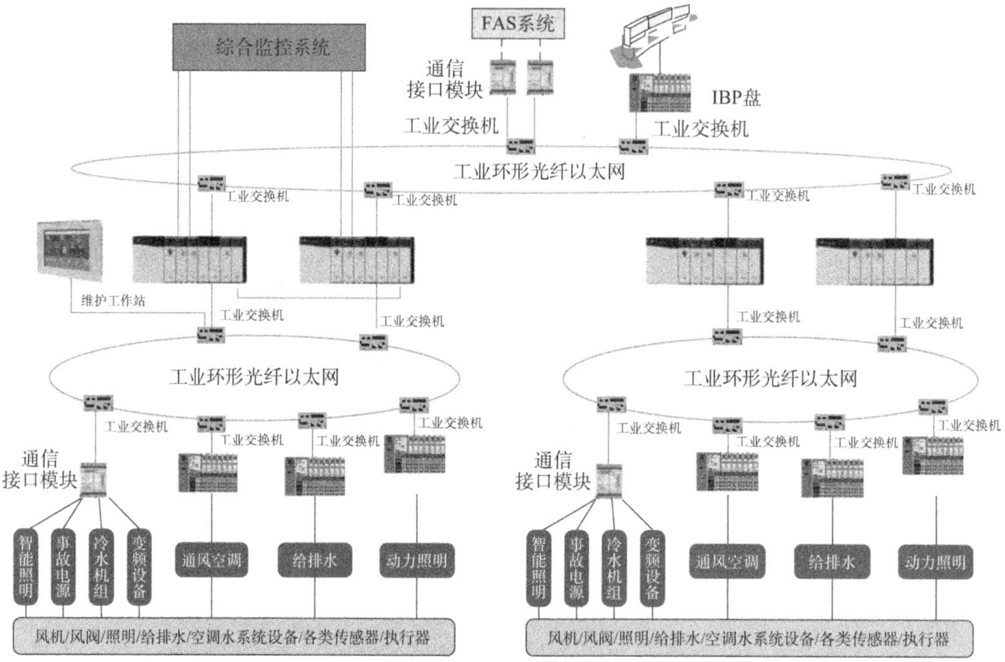

g) BAS 系统结构

图 3-2-18　环境与设备监控系统

四　城市轨道交通车站设计原则

城市轨道交通车站设计涉及客流预测、线路、限界、行车组织、建筑、结构、通风、动力及照明、给水排水、消防、BAS、通信、信号、供电、接触网、杂散电流、站台门、电扶梯、AFC 等，所以在实际设计中应根据地下建筑的特点，各专业部门一定要相互紧密配合和协调，在设计中必须有序地组织人流进站和出站并方便换乘，满足客流高峰时所需的面积及楼梯、通道等的宽度要求，上下楼梯位置的设置能均匀地接纳客流；另外要有足够的设备用房和管理用房，以满足技术设备的布置及运行管理的要求，使车站具有与之要求相匹配的使用功能。

------- 视 野 拓 展 -------

某地铁车站乘客进出站路线分别为：

①进站路线：地面出入口→自动售票机→进站检票区→站厅层付费区→楼梯、电扶梯→站台→上车。

②出站路线：下车→站台→楼梯、电扶梯→站厅层付费区→出站检票机→地面。

基于上述要求，城市轨道交通车站的设计一般应遵循以下原则：

(1) 一致性原则：车站选址要与城市规划、城市交通规划及城市轨道交通路网规划的要求相一致，并满足远期规划的要求。

(2) 适用性原则：车站选址要通过综合考虑该地区的地下管线、工程地质、水文地质条件，以及地面建筑物拆迁及改造的可能性等情况合理选定；设计应能满足远期客流集散量和运营管理的需要，应具有良好的外部环境条件，能够最大限度地吸引乘客；同时要满足客流高峰时所需的面积及楼梯通道等宽度要求，满足设备用房和管理用房的数量要求。

(3) 协调性原则：车站总体设计要注意与周围环境的协调，如与城市景观、地面建筑规划相协调。

(4) 安全性原则：车站应有足够明亮的照明设施，足够宽的楼梯及疏散通道，足够显眼的指示标志及防灾设施等。

(5) 便利性原则：车站站位应尽可能地靠近人口密集区和商业区，最大限度地方便乘客出行。

(6) 识别性原则：设计应体现现代交通建筑的特点，简洁、明快、大方、易于识别，同时车站及车辆线路都要有明显的特征和标志。

(7) 舒适性原则：以人为本，具有舒适的内部环境和现代的视觉观感，解决好通风、温度、卫生等问题。

(8) 经济性原则：车站的设计应尽可能地与物业开发相结合，使土地的使用最充分、合算，同时尽可能地降低造价、节约投资。

3.3 运载工具之车辆

城市轨道交通车辆是城市轨道交通系统的重要部分，随着科技日新月异，城市轨道交通车辆向更加轻量化、大载荷、高速度、高稳定性方向发展。

一 车辆类型

车辆是城市轨道交通用来运输旅客的运输工具，城市轨道交通车辆按车型不同，主要分为A型车、B型车、C型车、L型车、胶轮车、有轨电车和低地板车等，其中车体基本宽度为3.0m的车称为A型车，车体基本宽度为2.8m的车称为B型车，车体基本宽度为2.6m的车称为C型车，直线电机车辆称为L型车，轻轨车辆可分为70%低地板和 100% 低地板两种。根据《城市轨道交通工程项目建设标准》(建标 104—2008)，部分城市轨道交通车辆主要性能参数如表 3-3-1 所示。

部分城市轨道交通车辆主要性能参数(单位:m)　　表 3-3-1

项目名称	A 型 车	B 型 车	C 型 车	L 型 车
车长	22.1	19.0	—	17.08
车宽	3.0	2.8	2.6	2.8
车高	3.8	3.8	3.7	3.625
转向架中心距	15.7	12.6	—	11.14
固定轴距	2.5	2.3	1.9	2.0
车厢地板高度	1.13	1.1	0.95	0.93

城市轨道交通系统要根据运行环境、线路要求、地形特点、客流需求、供电方式等情况，选择不同的车辆类型。各类型车辆在北京、上海、广州的运用情况见表 3-3-2。

不同车型在北京、上海、广州的运用情况　　表 3-3-2

序号	车　型	部分运用线路
1	A 型车	上海地铁 1 号线、2 号线、3 号线、4 号线、7 号线、9 号线、12 号线、10 号线、11 号线、13 号线、16 号线、17 号线，北京地铁 14 号线、16 号线，广州地铁 1 号线、2 号线、8 号线、13 号线
2	B 型车	北京地铁 4 号线、5 号线、6 号线、7 号线、8 号线、9 号线、10 号线、15 号线、S1 线、亦庄线、房山线、昌平线、燕房线，广州地铁 3 号线、广佛线、7 号线、9 号线、14 号线、21 号线
3	C 型车	上海地铁 5 号线、6 号线、8 号线，北京地铁 1 号线、2 号线、13 号线、八通线
4	L 型车	北京地铁机场线，广州地铁 4 号线、5 号线、6 号线
5	胶轮车	广州地铁 APM 线，上海地铁浦江线
6	低地板车	北京现代有轨电车西郊线，广州黄埔有轨电车 1 号线

> 视　野　拓　展

城市轨道交通车辆多采用单节车辆(四轴车)，但轻轨和有轨电车部分车辆为了节约成本，采用了铰接车(图 3-3-1)与低地板车(图 3-3-2)。铰接车包括两节编组的单铰六轴车和三节编组的双铰八轴车，如图 3-3-3 所示。

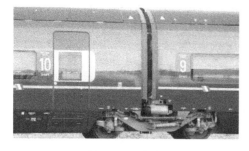

图 3-3-1　铰接车

图 3-3-2　低地板车

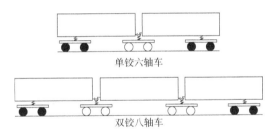

图 3-3-3　铰接示意图

三　车辆组成

城市轨道交通车辆种类繁多、性能各异,但它们的基本构造都是由表 3-3-3 所示的主要部件组成:

车 辆 组 成 结 构　　　　　　　表 3-3-3

机械部分	车体及客室内装	电气部分	牵引及电制动系统
	车门系统		辅助系统
	车辆连接装置		列车控制与故障诊断系统
	转向架		车载信号系统
	供风及制动装置		乘客信息系统
	空调通风装置		

车辆是城市轨道交通系统中比较关键、复杂的设备,涉及机械、电气、控制、材料等多领域。车辆通过各个相对独立的子系统有机结合在一起,从而实现列车的安全、可靠、高品质运行。

1. 机械部分

(1) 车体及客室内装。

车体是城市轨道交通车辆结构的主体,是用来供乘客乘坐和司机驾驶(有驾驶室的车辆)的部分,其主要作用是承受外部阻力,传递牵引力,隔音、减振和保暖,也是安装与连接其他设备和部件的基础。车体通常由底架、端墙、侧墙和车顶等组成(图 3-3-4),其主体结构常采用铝合金大断面蜂窝结构挤压型材组焊而成。车体结构为轻型、整体式承载模块化全焊接结构,底架、侧墙、端墙和车顶焊接而成的车体框架形成一个整体,这样的结构能充分发挥车体各构件强度,提高了列车整体刚度。

客室内装(图 3-3-5)包括地板、预制成型的顶板、侧墙板、侧顶盖板、车窗和空调的进排风口等,通常安装有客室立柱、拉手、座椅、电气设备控制柜和灭火器等设备。

(2) 车门系统。

根据轨道交通的特点,城市轨道交通车辆的车门应方便乘客,以尽量缩短乘客上、下车时间,同时满足列车运行密度的要求。车门有多种类型,按照安装位置的不同,可以分为客室侧门、驾驶室侧门、客室与驾驶室通道门、驾驶室前端紧急疏散门等

(图3-3-6)。客室车门按照其结构可分内藏门、外挂门、塞拉门三种结构形式(图3-3-7)。客室车门关系到乘客的安全,因此在运行中必须可靠锁闭,同时在设计上应通过监测装置将车门状态与列车牵引指令电路联锁。此外,为了应对故障或意外的紧急情况,每个车门都配置了可现场操作的切除装置和紧急开门装置。

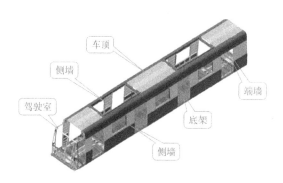

图 3-3-4　带驾驶室的车体结构　　　　　图 3-3-5　客室内装

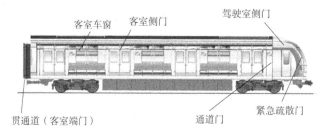

图 3-3-6　各类型车门位置

a)内藏门

b)外挂门

c)塞拉门

图 3-3-7　三种类型客室车门

(3)车辆连接装置。

车辆连接装置包括车钩缓冲装置和贯通道装置,如图3-3-8所示。前者可实现车辆与车辆之间的编组连接,传递和缓和列车的纵向力;后者可实现载客车辆之间的连通,可有效地调节各客室的客流分布,也便于在发生紧急情况时疏散乘客。

模块3　城市轨道交通设施设备构成

a)车钩缓冲装置

b)贯通道装置

图 3-3-8　车辆连接装置

车辆车钩缓冲装置共分三种类型:全自动车钩、半自动车钩、半永久牵引杆(图 3-3-9)。三种车钩均设有不同类型的缓冲装置,其结构均采用先进的密接式车钩,依靠相邻车辆钩头上的凸锥和凹锥相互插接,起紧密连接作用。其优点是:节省人力,保证安全方便。缺点是:构造较复杂,强度较低。

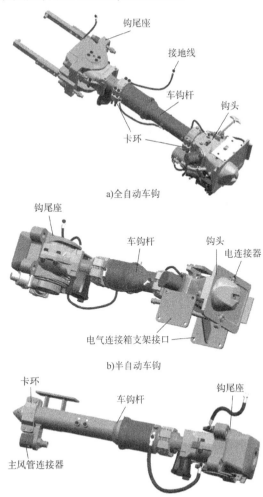

a)全自动车钩

b)半自动车钩

c)半永久牵引杆

图 3-3-9　三种车钩类型

贯通道装置又称风挡装置,按结构形式不同分为整体式和分体式两种类型。分体式贯通道由 2 个半贯通道组成,由车钩支承,普遍应用在 A 型车上,部分 B 型车上也有应用。整体式由单个贯通道组成,自承式,一般运用在 B 型车上。

(4)转向架。

转向架是车辆走行装置,又称走行部,用来牵引和引导车辆沿轨道行驶,承受并传递来自车体及线路的各种荷载,缓和冲击力,是城市轨道交通车辆最重要的组成部件之一。它是保障车辆运行品质、动力性能和安全行车的关键部件,其性能决定了列车运行速度、载重量、乘坐舒适性和安全性。

转向架(图3-3-10)主要由构架、一系悬挂系统、轮对轴箱装置、中央牵引装置等部件组成。转向架分为动车转向架和拖车转向架两类(图3-3-11)。动车转向架和拖车转向架主要区别在于是否配有动力装置,动力装置包括牵引电机、联轴节、齿轮箱。另外,拖车转向架上安装了 ATC 系统的通信天线。

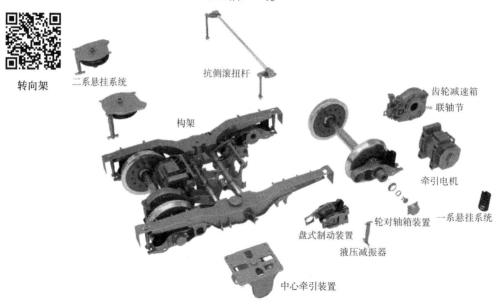

图 3-3-10 转向架分解结构

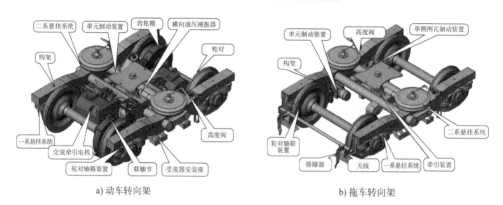

a) 动车转向架　　　　　　b) 拖车转向架

图 3-3-11 两种类型转向架

（5）供风及制动装置。

供风装置一般称供风模块。供风模块包括压缩空气机组（由压缩机、干燥器和过滤器组成）、各类空气阀件、空气管路和储风缸等组成（图3-3-12），为了方便安装与维修，供风模块一般集成安装于C车车底，或安装在A车车底。

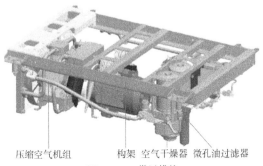

图3-3-12　供风模块

车辆制动系统是保障列车运行安全必不可少的装置，不论是动车还是拖车，都设有制动装置，它可以保证运行中的列车按需要减速，实现在规定的距离内安全停车和防止静止车辆溜走，保证行车安全。城市轨道交通车辆的制动装置不仅安装了常规的空气制动装置，在动车车辆上还安装有再生制动和电阻制动装置，有些车辆还装有磁轨制动装置。通常，制动系统主要由空气制动系统、电制动系统、指令及网络通信系统组成，其中空气制动系统主要由风源装置、制动控制装置、基础制动装置（包含闸瓦制动和盘形制动两种形式，如图3-3-13所示）三部分组成，如图3-3-14所示。

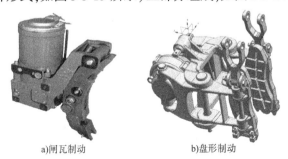

图3-3-13　基础制动装置

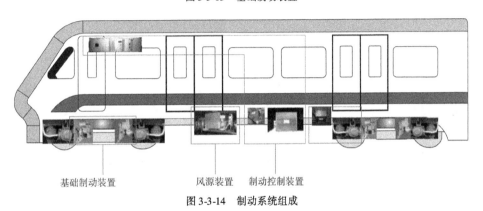

图3-3-14　制动系统组成

(6)空调通风装置。

空调安装在车顶,每辆车设有两个车顶一体式空调单元,其作用主要是为乘客提供通风、温度调节和除湿。空调系统的作用就是确保客室内的温度、相对湿度、空气流速及洁净度达到乘客感觉舒适的标准。在通风装置作用下,新风从吸风口吸入,与从客室来的回风混合,再经过过滤、冷却后由风道均匀地送入客室。驾驶室有单独的风道送风。

列车空调系统由通风系统、制冷系统、加热系统、加湿系统及自动控制系统组成,主要设备有空调机组(图3-3-15)、微处理器控制板、紧急逆变器、风道装置等。

图3-3-15 空调机组

2. 电气部分

(1)牵引及电制动系统。

牵引及电制动系统是列车运行的核心装置,包括受流装置(图3-3-16)、高速断路器(图3-3-17)、牵引逆变器(图3-3-18)及其控制单元、牵引电机(图3-3-19)、联轴节、齿轮箱、制动电阻(图3-3-20),其作用是将电网电能转换为驱动列车运行的动能,或将列车动能转换成电能并反馈回电网(电制动)。其中,牵引逆变器的作用是将受电弓获取的 DC1500V 或 DC750V 直流电源转换为三相变频变压电源,驱动装在动车转向架上的三相牵引电机,牵引电路如图3-3-21所示。列车制动时将列车的动能转化成电能反馈回电网或送到制动电阻上变为热能散发出去。

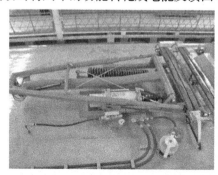

a)受电弓　　　　　　　　　　　　b)集电靴

图3-3-16 受流装置

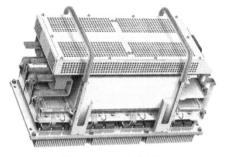

图3-3-17 高速断路器　　　　　　图3-3-18 牵引逆变器

模块3　城市轨道交通设施设备构成

图 3-3-19　牵引电机

图 3-3-20　制动电阻

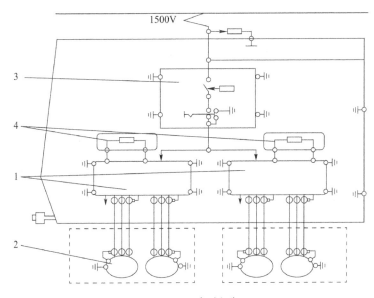

图 3-3-21　牵引电路

1-牵引逆变器;2-牵引电机;3-高速断路器;4-制动电阻

牵引能量的传送路径如下:接触网→受电弓→高速断路器→牵引逆变器→联轴节→齿轮箱→轮对。

电制动一般有再生反馈制动和电阻制动两种形式。再生制动的能量传送路径与牵引的正好相反,电阻制动则是电能从逆变器出来后进入制动电阻消耗掉。由于电制动系统逆变器功率元件的能力不足,在某些情况下(如满载、高速等),还不能满足列车制动的全部需求,一般需要气制动来补充。

(2)辅助系统。

辅助系统包括辅助电源、蓄电池充电器、辅助逆变器。辅助系统的供电方式有三种,即接触网供电、车间电源供电和蓄电池供电。列车正常运行时由受流装置从接触网供电;当列车在车辆段带电检修时转为车间电源供电;列车在紧急情况下运行时,如接触网断电,则由蓄电池紧急供电。各种供电方式通过操作高压转换开关(图3-3-22)切换,即高压转换开关在列车运行时位于受电弓位,有电检修时位于车间电源位,无电检修时位于接地位。

辅助电源系统指三相交流380V电源和低压110V或24V直流电源。以广州地铁2号线车辆为例,380V交流电的负载有:空气压缩机、空调系统、各类风机等;110V直流电的负载有:有触点控制电路、各系统的电子控制电路、照明电路、指示灯、车门驱动系统、广播系统、乘客信息显示系统、紧急通风电源等。

蓄电池(图3-3-23)是列车的重要设备,为在运营时列车失去外来供电的情况下提供临时供电,是必不可少的安全保障,也是列车停放后重新激活的电源。列车上蓄电池也是两组设置的,设计的总容量可满足45min内列车部分110V控制电路、各系统电子控制电路、指示灯、广播系统、乘客信息显示系统部分功能、客室紧急通风、紧急照明以及开关一次客室门的供电要求。

图3-3-22 辅助电源高压转换开关

图3-3-23 蓄电池

辅助逆变器通过一个直流1500V馈线连接到列车两个受电弓上,即使一个受电弓从架空网上脱落,辅助逆变器也不会脱离电源。辅助逆变器采用冗余结构,两个相对独立的380V电源给三辆车供电,每一个电源供给每辆车的一半负载。关键负载(如蓄电池充电器)可以从任意一个电源供电。

(3)列车控制与故障诊断系统。

列车控制与故障诊断系统属于列车计算机总线控制系统。其中,列车控制系统通过列车/车辆总线与各节车各子系统/设备的计算机控制单元连接在一起,以通信协议的方式建立实时通信联系,进行指令、状态信息的传输,实现列车状态的控制、监测、数据存储和故障诊断及人机界面交流。某地铁列车控制系统示意图如图3-3-24所示。列车控制系统通常在列车的两端对称布置,功能相同,工作时一个为主机,另一个为辅机。列车故障诊断系统用便携式数据采集器采集有关数据。

(4)车载信号系统。

车载ATC系统是车载信号系统的核心,其作用主要是:实现非完全脱离司机的人工驾驶;停车点的防护;速度监督与超速保护;列车行车间隔控制;及时监控列车位置。

模块3　城市轨道交通设施设备构成

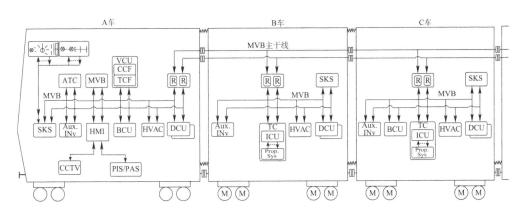

图 3-3-24　某地铁列车控制系统示意图

ATC-列车自动控制；Aux. INv-辅助逆变器；BCU-制动控制单元；CCF-中央控制功能；CCTV-闭路电视；DCU-车门控制单元；HMI-人机界面；HVAC-空调；ICU-逆变器控制单元；M-牵引电机；MVB-多功能车辆总线；PAS-列车广播系统；PIS-乘客信息系统；Prop. Sys-推进系统；R-MVB 中继器；SKS-设备智能接口；TC-牵引箱；TCF-牵引控制功能；VCU-车辆控制单元

在车辆前端装有 ATC 传感器安装架。ATO 系统将执行除"启动"外的列车自动运行(自动调速、自动停车、定点停车)。ATP 系统执行列车安全速度和列车安全间隔的功能,当潜在的不安全条件产生时,ATP 系统将施加紧急制动。ATP 系统车辆接口设备将包括:速度计、天线、驾驶室显示器(图 3-3-25)、控制器、电源适配器和 ATO 车载控制设备某地铁车辆车载信号系统示意图如图 3-3-26 所示。

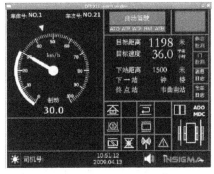

图 3-3-25　驾驶室显示器(TOD)

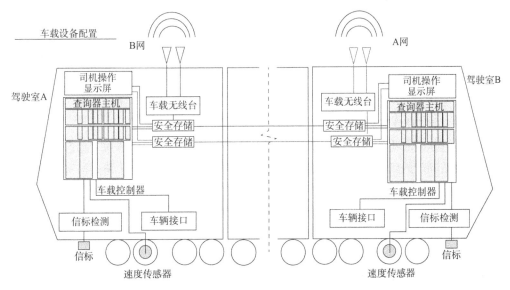

图 3-3-26　某地铁车辆车载信号系统示意图

79

(5)乘客信息系统。

乘客信息系统(PIS)依托多媒体网络技术,以工业计算机系统为核心,在列车内通过显示终端和广播系统向乘客提供信息服务。正常运营情况下,PIS可以提供乘车须知、列车时刻表、到站广播及广告等多媒体信息。一旦出现火灾水淹等非正常的情况,PIS则提供动态的紧急疏散提示,通过紧急广播指挥乘客疏散,调度工作人员抢险救灾,减少损失。

PIS由列车广播系统(图3-3-27)、媒体系统(图3-3-28)和动态地图(图3-3-29)三部分组成。广播系统包括广播控制盒、广播机柜、紧急报警器、扬声器等。其中广播控制盒设置在驾驶室,用于进行广播、对讲的控制;广播机柜设置在每个车厢内;紧急报警器设置在车厢车门旁;扬声器设置在每节车厢内,分左右两路,每路4个。

a)扬声器　　　　b)紧急报警器　　　c)广播控制盒的鹅颈话筒

图3-3-27　广播系统

图3-3-28　媒体系统　　　　图3-3-29　动态地图

广播系统提供了五种通信方式,其从高到低的优先级为:无线电广播、驾驶室对讲、司机与乘客紧急对讲、驾驶室对乘客广播和数字车站广播。

乘客可从列车得到或传递信息,可通过每个厢两端的液晶显示屏或者动态地图知道与数字报站同步的到站信息,遇紧急情况也可按压客室内紧急报警按钮向司机报警。

三　车辆特点

现代城市轨道车辆有如下特点:

(1)从构造上:列车采用动力分散布置形式,动拖结合,固定编组。根据需要由动车和拖车组合成相对固定的编组,多采用2~8节编组,两头设置司机操纵台。由于隧道限界、车辆限界、设备限界的限制,车辆和其各种车载设备的设计要求相当紧凑,在方便检修的同时,尽量采用模块化。

(2)从结构上:车体朝轻量化方向发展,主要采用大断面中空挤压铝型材模块化车体结构设计,采用整体承载结构;悬挂系统具有良好的减振系统;采用电气(再生制动和电阻制动)和空气的混合制动;车辆连接采用密接式车钩进行机械、电气、气路的全自动连接;车辆间采用封闭式宽体贯通道,通过量大。

(3)从运用性能上:由于地铁的服务对象是城市高密度、大客流人群,并要与公交系统、小汽车形成竞争力,所以对其在安全、正点、快捷上有很高的要求。同时,地铁要提供给乘客适当的空间、安静的环境,使乘客感到舒适、便利。

(4)在运行方式上:应用列车自动驾驶系统。在主牵引传动上,采用当今世界先进的调频调压交流传动。在辅助系统中,采用先进的绝缘栅双极晶体管(IGBT)技术。

四 车辆的家——车辆段

车辆段就是车辆的家,是城市轨道交通车辆进行运营管理、停放和维修养护的场所,如图3-3-30所示。

城市轨道交通车辆段大多选址在面积大、地形平坦、具备良好的水电等条件的地方,同时还要避开地质不良的地段。

图3-3-30 车辆段鸟瞰图

▷ 视野拓展 ◁

广州地铁部分线路部分车辆段设置情况:

1号线:西朗车辆段。

2号线:嘉禾车辆段。

3号线:厦滘车辆段、嘉禾车辆段。

4号线:新造车辆段。

5号线:鱼珠车辆段。

6号线:萝岗车辆段。

7号线:大洲车辆段。

8号线:白云湖车辆段、赤沙车辆段。

9号线:岐山车辆段。

13号线:官湖车辆段。

14号线:邓村车辆段、镇龙车辆段。

21号线:镇龙车辆段。

广佛线:夏南车辆段(位于佛山市内)。

查一查

查找你周边所在城市的城市轨道交通各条线路车辆段的所在位置与名称。

1. 车辆段组成

城市轨道交通车辆段主要由停车库、检修库、综合维修中心、办公生活设施(如综合楼、物资总库)四大部分组成。如图 3-3-31 所示。

图 3-3-31　车辆段结构图

停车库主要用于收车后停车作业和停放备用车辆,如图 3-3-32 所示。可进行简单维修保养作业和车辆编组作业,也可进行车辆的清扫、整备等日常管理工作。设置了检车线、停车线、洗车线、列检线等线路。

检修库专门用于车辆检修作业,如图 3-3-33 所示。配有检修设备,包括列检库、月检库、定修库、架修库、大修库。设置列检线、出入库线、试车线、镟轮线、检修线等线路。

图 3-3-32　车辆段停车库

图 3-3-33　车辆段检修库

综合维修中心是城市轨道交通系统中各种设备和设施的维修管理中心。涉及轨道交通线路、路基、轨道、桥梁、涵洞、隧道和房屋建筑等设施的维护,以及供电、通信、信号、机电设备和自动化设备的维修保养及故障修理工作。根据专业特点需要有相应的检修间,配备必要的检修设备。

办公生活设施是为保证车辆的正常运营和维修需要的附属设施,包括物资存放库、混合变电所、降压变电所、信号楼、综合办公楼等设备和办公场所及司乘公寓、食堂和浴室等生活设施。

2. 车辆段设置与布置形式

城市轨道交通车辆段的选型一般采用尽端式或贯通式(图 3-3-34)。车辆段设置在线路终点或是线路中间的周边位置,线路终点位置车辆段采用尽端式。采用尽端式,单个咽喉区作业任务重,通过能力较弱(图3-3-35),武汉地铁古田车辆段、广州地铁嘉禾车辆段就采用该类型。

图3-3-34 两种类型车辆段示意图

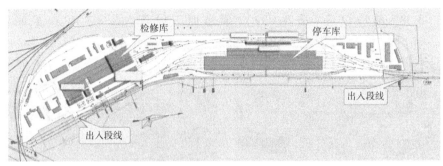

图3-3-35 某尽端式车辆段示意图

线路中间周边位置采用贯通式,两个咽喉区均可接发列车,通过能力较强(图3-3-36)。北京地铁四惠车辆段就采用该类型。贯通式车辆段的优点是收发车顺畅,停车检修分区合理,用地布置紧凑。

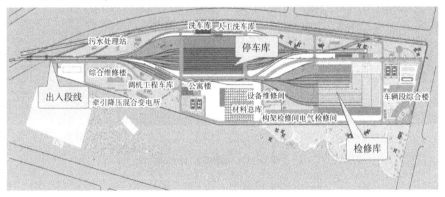

图3-3-36 某贯通式车辆段示意图

3. 车辆段的主要功能

车辆段的功能应该是全面的、完备的。车辆段应具备以下的基本功能:

(1)车辆停放及日常保养功能——包括地铁车辆的停放和管理;司乘人员每日出、退勤前的技术交接;对运用车辆的日常维修保养及一般性临时故障的处理;车辆内部的清扫、洗刷及定期消毒等。

(2)车辆检修功能——依据地铁车辆的检修周期,定期对地铁车辆的计划性修理(包括定修,架修和大修)。

(3) 材料供应功能——负责地铁系统在运营过程中,所需各种材料、设备器材、备品备件、劳保用品以及其他非生产性固定资产的采购、储存、保管和供应工作。

(4) 技术培训功能——负责对地铁系统的工人和技术人员进行技术培训。

(5) 办公综合功能——负责为人员提供办公场所、食堂、文体活动场所、充足的机动车停车位等。

4. 车辆段的主要设备

城市轨道交通车辆段设备主要包括运输牵引设备(图3-3-37)、升降设备(图3-3-38)、清洗设备(图3-3-39)、维修加工设备(图3-3-40)、检测设备(图3-3-41)和试验设备(图3-3-42)等。

a)公铁两用车

b)牵引工程车

c)工艺转向架

d)转轨设备

图3-3-37 运输牵引设备

a)固定架车机

b)移动架车机

图3-3-38 升降设备

模块3　城市轨道交通设施设备构成

a)自动洗车机　　　　　　　　　　　b)轮对清洗机

图 3-3-39　清洗设备

a)不落轮镟床　　　　　　　　　　　b)轮对压装机

图 3-3-40　维修加工设备

a)轮对超声探伤仪　　　　　　　　　b)车轴荧光磁粉探伤机

图 3-3-41　检测设备

a)转向架试验台　　　　　　　　　　b)减振器试验台

图 3-3-42　试验设备

3.4 "动力心脏"之供电

电能是城市轨道交通运营必需的能源,供电系统是向城市轨道交通系统输送电力的动力能源系统。作为城市轨道交通系统的重要组成部分,城市轨道交通供电系统为列车运行、机电设备运转、通信信号设备运行、照明及其他生产生活用电供应所需电能,为运营管理提供保障。

一 城市轨道交通供电系统的要求

1. 供电系统必须可靠

城市轨道交通列车和车站设备都是为乘客提供服务的设备,在运营过程中,一旦供电中断,可能造成城市轨道交通运输系统的瘫痪,甚至可能危及乘客生命与财产安全。因此,城市轨道交通供电系统必须具有高度的可靠性。

在供电系统的设计上,要求各变电所采用两路进线,并互为备用。设计电源容量时应为发展留有余地,并且应选用先进、可靠的电气设备。应采用模块化的计算机控制系统,实现实时监控,调度自动化的运行模式。

2. 供电系统必须满足不同负荷的需求

城市轨道交通系统是一个重要的用电负荷,按规定应为一级负荷,即应由两路电源供电,当任何一路电源发生故障中断供电时,另一路应能保证城市轨道交通重要负荷的全部用电需要。在城市轨道交通供电系统中,列车牵引用电负荷为一级负荷,车站、区间等用电负荷根据它们的实际情况可分为一级、二级或三级负荷。

一级负荷包括牵引供电系统、通信系统、信号系统、电力监控系统、防灾报警系统、机电设备监控系统、站台门、防淹门、消防泵、废水泵、雨水泵、事故风机及其风阀、排烟风机及其风阀、站厅和站台照明、事故照明等,必须确保向以上系统不间断供电;二级负荷包括非事故风机及其风阀、排污泵、自动扶梯、设备区照明和管理区照明、自动售检票、楼梯升降机、民用通信电源、冷冻机组控制器电源、维修电源等,应确保向其连续供电;三级负荷包括冷水机组、冷冻水泵、冷却水泵、冷却塔风机、广告照明、电开水器、清扫电源等。城市轨道交通供电系统必须依据不同用电需求区别对待,即重要的一级负荷双路电源供电,并能自动切换;二级负荷是二路电源进线分片分区供给;三级负荷一路电源供电,在供电能力紧张时停止三级负荷供电。

二 城市轨道交通供电系统组成及功能

城市轨道交通供电电源一般取自城市电网,通过城市电网一次电力系统和轨道交通供电系统实现输送和变换,最后以适当的电压等级、一定的电流形式(直流或交流电)供给有电设备,整体供电如图3-4-1所示。某城市电网一次电力系统和某地铁供电系统结构组成如图3-4-2所示。

模块3 城市轨道交通设施设备构成

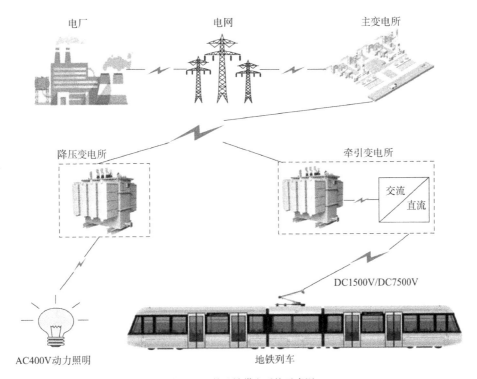

图 3-4-1 某地铁供电系统示意图

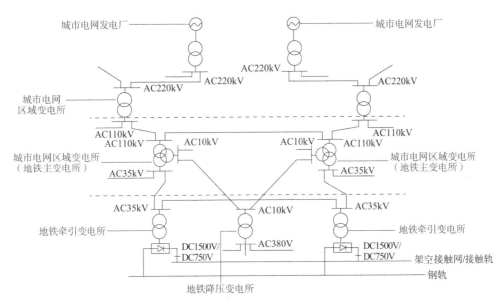

图 3-4-2 某城市电网一次电力系统和某地铁供电系统结构组成

城市电网一次电力系统由国家电力部门建造与管理，它包括发电厂、传输线、区域变电所。发电厂发电机发出的电能，要先经过升压变压器升高电压，然后以 110kV 或 220kV 的高压，通过三相传输线输送到区域变电所。在区域变电所中，电能先经过降压变压器把 110kV 或 220kV 的高压降到低电压等级（如 10kV 或 35kV），再经过三相输电线输送给本区域内的牵引变电所和降压变电所,并再降为轨道交通所需的电压等级(如1500V、380V等)。

城市轨道交通供电系统一般包括外部电源系统、中压供电系统、牵引供电系统、动力照明供电系统、电力监控系统等。根据用电管理区域的不同,城市轨道交通供电系统可分为由城市电力部分管理的外部供电系统和由城市轨道交通部门自我管理的内部供电系统,如图3-4-3所示。在城市轨道交通供电系统的内部供电系统中,根据用电性质的不同,又可分为以牵引变电所为主组成的牵引供电系统和以降压变电所为主组成的动力照明供电系统。

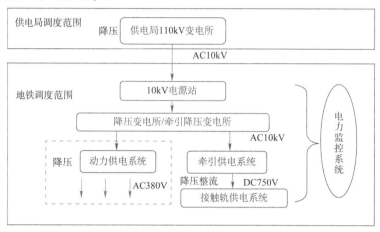

图3-4-3 城市轨道交通供电系统划分示意图

1.外部电源系统

外部电源系统是指城市电网对轨道交通系统内部变电所的供电系统,包括发电厂、传输线路和区域变电所。该供电系统为双路电源,能获得不间断电源。城市轨道交通外部电源系统的供电方式一般分为三种:集中供电方式、分散供电方式、混合供电方式。

(1)集中供电方式:在城市轨道交通沿线,根据用电容量和线路长短,建设专用的主变电所,如图3-4-4所示。主变电所进线电压一般为110kV,经降压后变成35kV或10kV,供给牵引变电所与降压变电所。主变电所应有两路独立的进线电源。集中式供电有利于城市轨道交通供电形成独立体系,便于管理和运营。采用集中式供电的有上海地铁、广州地铁、南京地铁、香港地铁等。

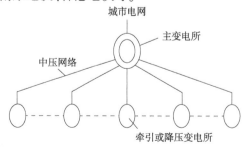

图3-4-4 集中供电方式

(2)分散供电方式:在城市轨道交通沿线直接由城市电网引入多路电源构成供电系统,一般为10kV电压级,如图3-4-5所示。分散式供电要保证每座牵引变电所和降压变电所均获得双路电源,要求城市轨道交通沿线有足够的电源引入点及备用容量,比如沈阳地铁、长春轻轨、大连轻轨、北京地铁(八通线、5号线)等。

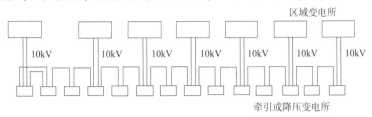

图3-4-5 分散供电方式

(3)混合供电方式:将集中供电和分散供电两种方式结合起来,一般以集中式供电为主,个别地段引入城市电网电源作为集中式供电的补充,使供电系统更加完善和可靠,如图3-4-6所示。

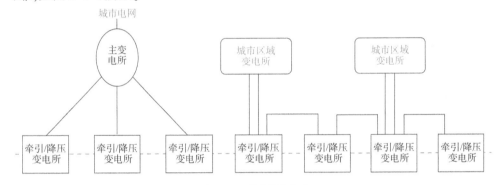

图3-4-6 混合供电方式

2. 中压供电网络

中压供电网络的主要功能是把主变电所的电能输送到各牵引变电所和降压变电所。其纵向把主变电所(或开闭所)和牵引、降压变电所连接起来,横向把各个牵引变电所、降压变电所连接起来。

考虑到城市轨道交通牵引负荷的重要性,目前国内中压网络均采用双环网链式结构,每个车站变电所均有双路电源进行供电,并根据主变电所设置位置进行合理分区。

国内外轨道交通的中压供电网络一般有35(33)kV、20kV、10kV三个电压等级。我国国内集中供电采用的电压等级较高,集中供电主要采用35(33)kV,分散供电一般采用10kV。

3. 牵引供电系统

牵引供电系统是牵引变电所和牵引网组成的向列车提供电力的系统,某地铁牵引供电系统示意图如图3-4-7所示。

在牵引供电系统中,电能从牵引变电所经馈电线、接触网或接触轨输送给列车,再从列车经钢轨、回流线流回牵引变电所。

牵引供电系统

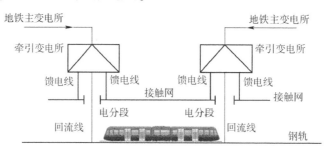

图 3-4-7 某地铁牵引供电系统示意图

(1)牵引变电所、接触网或接触轨、列车变流系统。

①牵引变电所。

城市轨道交通牵引系统一般采用直流供电,目前世界各国城市轨道交通的供电电压大都在 DC600~3000V 之间。现国际电工委员会拟定的电压标准为:600V、750V、1500V 三种。

国家标准《地铁设计规范》(GB 50157—2013)第 15 章将 DC750V 和 DC1500V 列为轨道交通直流牵引供电系统的标准电压等级。北京地铁采用 750V 直流供电电压,上海、广州、深圳等城市地铁采用 1500V 直流供电电压。

牵引变电所将主变电所送来的中压(35kV 或 10kV)电能经过降压和整流变成牵引车辆所用的直流电能(DC1500V 或 DC750V),送至接触网。牵引变电所正极母排通过馈电线将电能输送给列车,列车在运行过程中通过回流线将电流回流牵引变电所负极母排,以此形成完整的供电回路。

牵引变电所的容量和设置距离是根据牵引供电计算得出。一般设置在沿线若干车站和车辆段附近,每隔 2~4km 设一个牵引变电所。每个牵引变电所按其所需总容量设置两组整流机组并列运行,沿线任一牵引变电所故障,由两侧的相邻牵引变电所承担共同的全部牵引负荷。

②接触网或接触轨。

接触网是沿轨道线路设置的向轨道车辆供电的特殊形式输电线路。城市轨道交通接触网主要有 2 种类型:架空柔性接触网、架空刚性接触网。

图 3-4-8 架空柔性接触网

架空柔性接触网(图 3-4-8)的优点是弹性好,弓网关系好,支持高速运行;缺点是结构复杂,受磨损受拉容易断线,维护工作量大。城市轨道交通系统中,架空柔性接触网一般设置在地面、高架、场段线路。目前城市轨道交通新建地下线基本不采用此供电方式,铁路特别是高速铁路采用此种供电方式。

架空刚性接触网是一种区别于传统柔性接触网的供电方式,如图 3-4-9 所示。其优点是设计简单,施工容易;结构简单紧凑,节省隧道净空,节省投资;稳定性好,不容易断线,维护简单。其缺点是弹性不好,高速运行时弓网关系不良,容易出现拉弧,接触线磨损快,绝缘子故障多。刚性接触网比较适应城市轨道交通的低速、大密度、稳定性高的要求,但是只能应用在地下隧道,在地面及高架线路应用成本太高。

架空柔性接触网和架空刚性接触网

接触轨是沿轨道线路旁边敷设的附加导电轨,车辆通过集电装置与接触轨接触取电,接触轨外设有防护罩保障安全,如图 3-4-10 所示。接触轨的优点是稳定性好,对地绝缘性能好,电导率高,对隧道的限界要求小,隧道土建投资较小,稳定耐磨,维护工程量少。其缺点是由于低位供电,检修人员工作时存在较大安全风险,进入线路都需要停电接地;断口多导致正极电缆数量多,且因电缆在地上带来很大安全风险。目前,接触轨供电多采用 750V 电压,也有部分采用 1500V 电压(在我国,首个采用 1500V 直流接触轨供电的地铁线路是广州地铁 4 号线)。

接触轨结构

接触轨形式

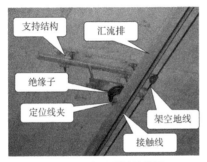

图 3-4-9 架空刚性接触网

图 3-4-10 接触轨

接触轨根据接触面的位置不同,可分为上部受流、下部受流和侧部受流接触轨,如图 3-4-11 所示。北京地铁(1 号线、2 号线、13 号线等)、天津地铁 1 号线多采用上部受流接触轨形式。青岛地铁(1 号线、6 号线)、广州地铁(4 号线、5 号线)、深圳地铁龙岗线以及北京地铁机场线采用下部受流接触轨形式。目前国内地铁较少有侧部受流方式的应用。

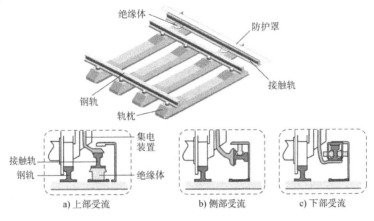

图 3-4-11 接触轨受流方式

③列车受流器。

列车的受流器主要有受电弓和集电靴两种。当线路采用架空柔性或刚性接触网时,列车安装于车顶的受电弓升起,接触架空导线将直流电传送到车辆使用,如图3-4-12所示;当线路采用接触轨时,列车安装于车底转向架中的集电靴伸出,接触供电轨,将直流电传送到车辆使用,如图3-4-13所示。

图3-4-12　受电弓取流　　　　　　　图3-4-13　集电靴取流

(2)牵引供电系统运行方式。

①正常运行:双边供电(图3-4-14)。

正线各供电区间,均由相邻牵引变电所双边供电;车辆段内接触网由车辆段牵引变电所供电;停车场内接触网由停车场牵引变电所供电。

②任一牵引变电所解列时的运行方式:大双边供电(图3-4-15所示)。

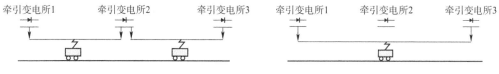

图3-4-14　双边供电　　　　　　　图3-4-15　大双边供电

当任一牵引变电所解列(不含线路端头牵引变电所),由相邻变电所越区大双边供电。当正线线路端头的牵引变电所解列,分别由相邻的牵引变电所单边供电。

4.动力照明供电系统

动力照明供电系统由降压变电所和动力照明配电线路组成,如图3-4-16所示。它的作用是为车站、区间等各类照明、扶梯、风机、水泵、通信、信号、自动化等设备提供电源。一般每个动力照明供电系统应设降压变电所和配电室,车站动力照明采用AC380/220V三相五线制系统配电。动力照明供电系统各组成部分作用如下:

①降压变电所:将三相电源进线电压(10kV)降压为三相380V交流电,提供机电设备如风机、水泵等动力用电,也可称为动力变电所。

②配电所:配电所(室)起电能分配作用,将降压变电所引入的三相交流380V和单相220V交流电,分别供给动力、照明设备。车站配电所负责车站电能配置,区间配

电所负责车站两侧区间动力与照明用电配电。

③配电线路：配电所(室)与用电设备之间的连接线路。

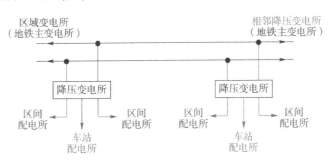

图 3-4-16　动力照明供电系统

5.电力监控系统

电力监控系统(SCADA 系统)由控制中心、通信通道和被控站系统组成,保证控制中心对主变电所、牵引变电所、降压变电所等全线供电设备实行集中监视、控制、数据收集和储存、故障分析和诊断以及系统修复与维护,是整个供电系统的大脑。大多数供电设备本身具有自监控,设备自监控信息汇总至电力监控系统的车站级终端——综合控制屏后,就能实时监控本变电所内所有电力设备的状态。某地铁电力监控系统工作流程如图 3-4-17 所示。

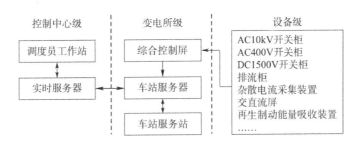

图 3-4-17　某地铁电力监控系统工作流程

电力监控系统可实现的主要功能包括：

①遥控功能：远程控制,可实现选点式(单控)、选站式(车站停送电)和选线式(全线停送电)操作。

②遥测功能：控制中心对各变电所的量值远程测量。遥测的主要参数包括进线、母线、馈线的电压、电流、有功电度、无功电度、有功功率、无功功率及主变压器温度等。

③遥信功能：变电所的各种实时信息,包括断路器开关的位置、保护信号和预告信号,通过通信网络传输到控制中心,并显示在模拟屏上。

④遥调功能：对变电所内受控对象的参量或工作状态进行远距离调节和控制,如对主变电所 35kV 母线电压进行升降挡位调整。

⑤其他功能：包含自检功能、显示功能、数据处理功能、打印功能、汉字功能、口令功能、培训功能等。

3.5 隐形司机之信号

在城市轨道交通系统中,信号系统是一个集行车指挥和列车运行控制为一体的非常重要的机电系统,它直接关系到城市轨道交通系统的运营安全、运营效率以及服务质量。它可以保证乘客和列车的安全,实现列车快速、高密度、有序运行。

一 信号系统组成与分类

1. 作用

城市轨道交通信号系统就像是城市轨道交通里的"隐形司机",时刻监测列车的运行状态和位置,控制列车速度,使列车之间保持安全距离(图3-5-1);传递行车信息,指示司机安全行车;缩小行车间隔距离,提高线路通过效率(图3-5-2)。

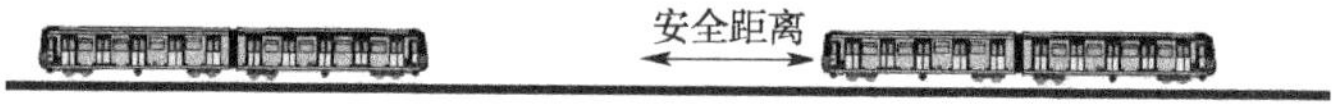

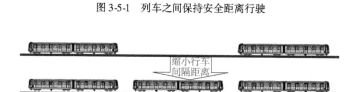

图3-5-1 列车之间保持安全距离行驶

图3-5-2 信号系统提高线路通过效率

2. 组成

城市轨道交通信号系统分为运行线信号系统和车辆段信号系统,运行线信号系统由ATC系统和联锁系统组成,其中ATC系统是城市轨道交通信号系统的核心,由列车自动防护(ATP)系统、列车自动驾驶(ATO)系统、列车自动监控(ATS)系统构成。城市轨道交通信号系统组成如图3-5-3所示。各子系统之间相互渗透,实现地面控制与车上控制相结合、现地控制与中央控制相结合,构成一个以安全设备为基础,集行车指挥、运行调整以及列车驾驶自动化等功能为一体的自动控制系统。某城市轨道交通信号系统(部分)示意图如图3-5-4所示。

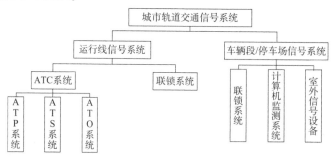

图3-5-3 某城市轨道交通信号系统组成

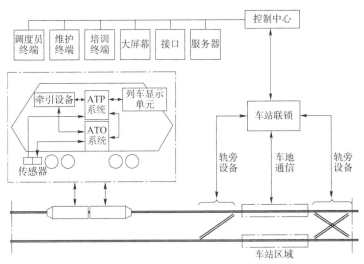

图 3-5-4　某城市轨道交通信号系统(部分)示意图

3. 类型

(1)城市轨道交通信号系统按闭塞方式可分为:固定式 ATC 系统、准移动式 ATC 系统和移动式 ATC 系统。

(2)城市轨道交通信号系统按信号传输方式可分为:连续式 ATC 系统(图 3-5-5)和点式 ATC 系统(图 3-5-6)。

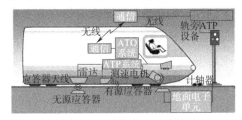

图 3-5-5　连续式 ATC 系统

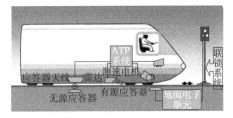

图 3-5-6　点式 ATC 系统

(3)城市轨道交通信号系统按各系统设备所处地域可分为:控制中心子系统、车站及轨旁子系统、车载设备子系统、车辆段子系统、试车线子系统等,如图 3-5-7 所示。

连续式和点式 ATC 系统

二　基础信号设备介绍

城市轨道交通信号系统的基础信号设备包括信号机、转辙机、轨道电路、计轴器、应答器、联锁等,这些基础信号设备安装在线路旁,相互协作,以一定的逻辑关系保证列车运行的安全和高效运行。

1. 信号机

信号机是指示列车运行条件的信号及附属设备。城市轨道交通信号机主要包括进出站(段)信号机、防护信号机、阻挡信号机和调车信号机,所有信号机设置在行车的右侧,具体设置如图 3-5-8 所示。其中进出站信号机设置在车站的进出站口处,指示列车能否进出车站;进出段信号机设置在车辆段的咽喉处,指示列车进出车辆段作业;防护信号机设置在道岔旁边,防护道岔的安全及指示道岔开通的方向;阻挡信号机设置在线路的尽端,表示列车停车位置;调车信号机设置在车辆段或有调车作业的线路旁,指示能否调车。信号机通常采用色灯信号机,以其显示灯光的颜色、数目和亮灯状态来表示信号。城市轨道交通信号显示的基本颜色为红、黄、绿,常见信号灯结构及显示灯含义如图 3-5-9 所示。

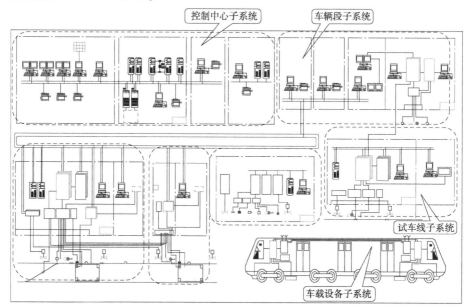

图 3-5-7 控制中心、车辆段、试车线、车载设备子系统示意图

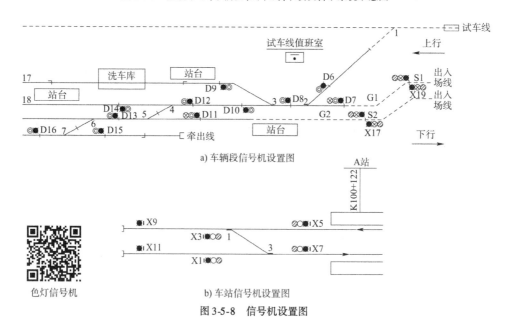

a) 车辆段信号机设置图

b) 车站信号机设置图

色灯信号机

图 3-5-8 信号机设置图

D-调车信号机;G-轨道区段;S-上行信号机;X-下行信号机
○-绿灯;◎-黄灯;◉-月白灯;⊗-空位灯;●-亮稳红灯

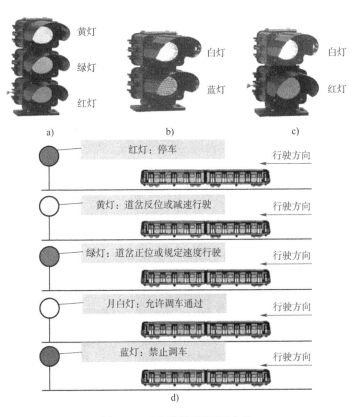

图 3-5-9　色灯信号机及显示含义

2. 转辙机

转辙机是用来控制道岔转换的设备,在收到相应的控制命令后,转辙机根据进路要求转换道岔、锁闭道岔尖轨,并把道岔所在位置表示出来。道岔通常由一台或多台转辙机控制,如图 3-5-10 所示。

图 3-5-10　道岔与转辙机

道岔与转辙机

3. 轨道电路

轨道电路是以钢轨为导体,两端加上机械绝缘(或电气绝缘),接上送电和受电设备所构成的电路。其作用是用来监督线路的占用情况和传递列车的行车信息,如图 3-5-11 所示。

轨道电路

图 3-5-11 轨道电路

4. 计轴器

计轴器是正线信号系统重要设备之一,和轨道电路一样,计轴器具有轨道区段空闲检查、列车完整性检查等功能,是正线信号系统降级后的重要设备。计轴器的主要设备:磁头、电子盒、安装盒、计轴评估器,如图 3-5-12 所示。

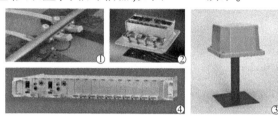

图 3-5-12 计轴器各组成设备
①-磁头;②-电子盒;③-安装盒;④-计轴评估器

计轴器

5. 应答器

应答器是一种采用电磁感应原理的高速点式数据传输设备,原理如图 3-5-13 所示。应答器是 ATP 系统的关键部件,用于在特定地点实现地面-列车间的数据交换。应答器一般装在轨道中间,存储并发送特定信息给通过列车,也可接收列车等发送的信息。应答器分为有源应答器与无源应答器两种类型,如图 3-5-14 所示。

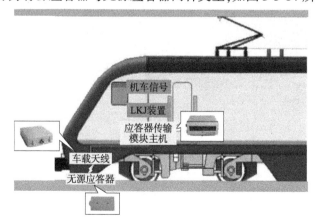

应答器

图 3-5-13 应答器原理示意图

模块3 城市轨道交通设施设备构成

a) 无源应答器　　　　　　　　　b) 有源应答器

图 3-5-14　应答器的两种类型

6. 联锁

为了防护车站或车辆段行车的安全,对该区域内信号、进路、道岔进行联动控制的系统就是联锁系统。实现联锁的设备叫联锁设备,联锁设备分为电气集中(继电器)联锁(图 3-5-15)和计算机联锁(图 3-5-16),现代城市轨道交通多采用计算机联锁,由 ATS 子系统来实现联锁功能和进行相关操作。

联锁

图 3-5-15　电气集中联锁　　　　　图 3-5-16　计算机联锁

◇ 拓 展 知 识 ◇

1. 联锁的基本内容

(1) 防止建立会导致机车车辆相冲突的进路;使列车或调车车列经过的所有道岔均锁闭在与进路开通方向相符合的位置;使信号机的显示与所建立的进路相符;

(2) 进路内所有区段空闲才能开放信号;

(3) 道岔位置正确并锁闭后,信号方可开放;

(4) 进路解锁前,所有相关道岔不得转动;

(5) 敌对信号未关闭,本信号不能开放。

2. 联锁的类型

(1) 信号与信号联锁　设置进路时,为防止列车相撞,进路的防护信号机与可能会导致与列车相撞的信号机不能同时开放(图 3-5-17)。

(2) 信号与道岔联锁　设置进路时,为防止列车相撞,须在确保所有相关道岔的位置正确并锁闭后,才可开放信号机(图 3-5-18)。

(3) 道岔与道岔联锁　设置进路时,为防止列车相撞,须确保所有可能会导致列车相撞的道岔不能同时设置(图 3-5-19)。

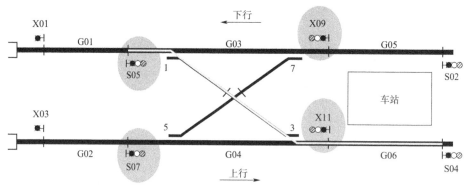

当S05信号机开放时，S07、X09及X11信号机关闭

图 3-5-17　联锁范例1

G-轨道区段;S-上行信号机;X-下行信号机;○-绿灯;⊘-黄灯;●-亮稳红灯

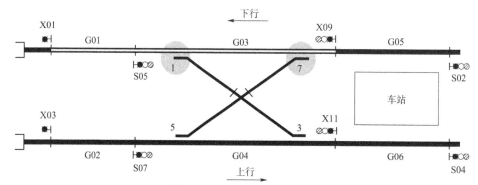

道岔1、7设定在定位且锁闭后，X09信号机才能开放

图 3-5-18　联锁范例2

G-轨道区段;S-上行信号机;X-下行信号机;○-绿灯;⊘-黄灯;●-亮稳红灯

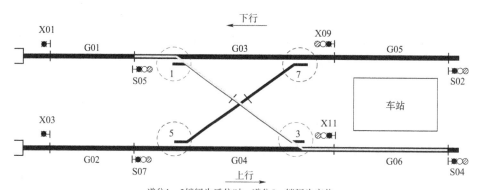

道岔1、3锁闭为反位时，道岔5、锁闭为定位

图 3-5-19　联锁范例3

G-轨道区段;S-上行信号机;X-下行信号机;○-绿灯;⊘-黄灯;●-亮稳红灯

(4)进路锁闭是指进路建立后,进路上有关道岔不能转换,敌对信号机不能开放(图 3-5-20)。

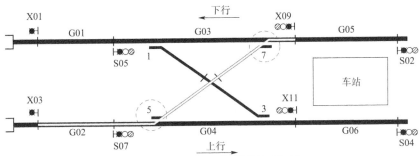

道岔5、7锁闭到位后,敌对信号机不能开放

图 3-5-20　联锁范例 4

G-轨道区段;S-上行信号机;X-下行信号机;○-绿灯;⊘-黄灯;■-亮稳红灯

(5)区段锁闭是指当轨道上已被占用(列车或轨道区段故障)时,有关的道岔就不能扳动,除非列车已驶离或故障已清除(图3-5-21)。

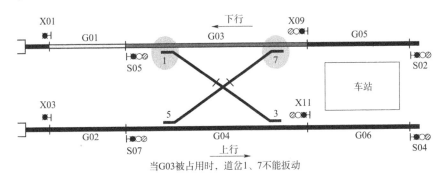

当G03被占用时,道岔1、7不能扳动

图 3-5-21　联锁范例 5

G-轨道区段;S-上行信号机;X-下行信号机;○-绿灯;⊘-黄灯;■-亮稳红灯

(6)接近锁闭是指当列车已接近一条已成立的进路时,为了确保安全,有关的进路不可实时取消,需要在列车停在固定信号前若干时间后,才可取消进路(图3-5-22)。

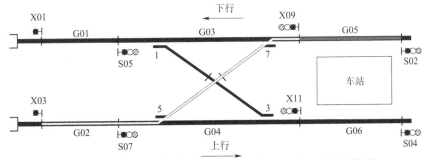

当列车站用G05时,要取消进路X09-X03的条件是:G05占用;进路延时解锁

图 3-5-22　联锁范例 6

G-轨道区段;S-上行信号机;X-下行信号机;○-绿灯;⊘-黄灯;■-亮稳红灯

（7）逐段解锁是指当列车已驶离联锁区域内相关的道岔或进路时，联锁区内另一组的固定信号和进路就可以设定的联锁类型（图3-5-23）。

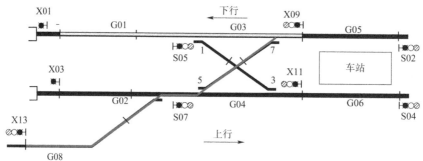

进站X09-X13列车通过后逐段解锁，当列车通过G04后，X09-S07段自动解锁后，X09-X01可建立新进路

图3-5-23　联锁范例7

G-轨道区段；S-上行信号机；X-下行信号机；○-绿灯；◎-黄灯；●-亮稳红灯

7. 闭塞

闭塞

为了保证列车在区间行车的安全和高效，一般按照行车闭塞方法组织列车在区间内的运行，用来联络的设备称为闭塞设备。

无论采用何种信号系统，区间（或闭塞分区）内任何时候只允许有一列车运行（图3-5-24）。城市轨道交通系统常用的闭塞有固定闭塞、准移动闭塞和移动闭塞三种。

图3-5-24　区间闭塞示意图

拓 展 知 识

1. 固定闭塞

固定闭塞（图3-5-25）又称分级速度控制方式或阶梯式速度控制模式。线路被划分为固定分区，一个分区只能被一列车占用，闭塞分区的长度按最长列车、满负载、最高速度、最不利制动率等不利条件设计，提供分级速度信息，实施台阶式的速度监督，使列车由最高速度逐步降至零，制动的起点和终点总是某一分区的边界。列车超速时由设备自动实施最大常用制动或紧急制动。

2. 准移动闭塞

准移动闭塞（图3-5-26）的特点是线路被划分为固定位置、某一长度的闭塞分区，一个分区只能被一列车占用;列车间隔是按后续列车在当前速度下所需的制动距离,加上安全余量计算和控制的,确保不冒进前行列车占用的闭塞分区;制动的起点是动态的,终点是固定在某一分区的边界处。

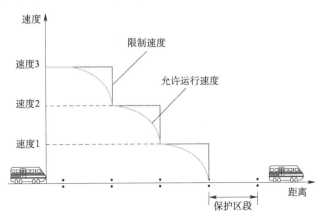

图 3-5-25　固定闭塞示意图

3. 移动闭塞

移动闭塞(图 3-5-27)没有预先设置的闭塞分区,通过车-地实时双向通信,以列车的实际运行速度和列车位置,动态计算相邻列车间的安全距离。因此,移动闭塞与固定闭塞相比,列车运行间隔相对减少;与准移动闭塞相比,则具有更大运用灵活性和更小行车间隔,也因此具备了更大的运行调整能力。

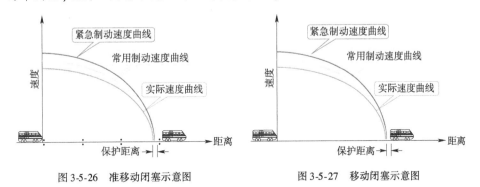

图 3-5-26　准移动闭塞示意图　　　图 3-5-27　移动闭塞示意图

三 城市轨道交通信号系统介绍

目前城市轨道交通正在使用的信号系统主要有两种:基于数字轨道电路的准移动闭塞和基于无线通信的列车控制(CBTC)系统。

准移动闭塞在国内地铁建设的初期有着广泛的应用,但近些年随着 CBTC 系统的快速发展,新建城市轨道交通项目已基本不再采用基于轨道电路的准移动闭塞技术,基于通信的 CBTC 系统已成为城市轨道交通信号系统的主流技术,是城市轨道交通信号系统的发展方向。

CBTC 系统是一个以车辆为中心的系统,其核心是列车自动控制(ATC)系统。典型的 CBTC 系统一般由计算机联锁系统、列车自动防护(ATP)系统、列车自动驾驶(ATO)系统、列车自动监控(ATS)系统、分散控制系统、信号维护监测系统组成,可由车站或运营控制中心控制,某城市轨道交通 CBTC 信号系统组成如图 3-5-28 所示。

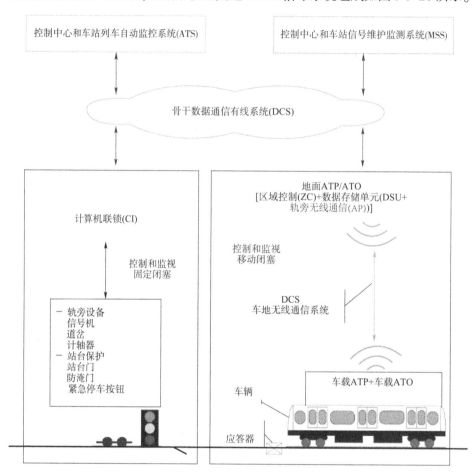

图 3-5-28　某城市轨道交通系统 CBTC 信号系统示意图

由列车负责计算和安全管理速度曲线,确定自己的位置,并与轨旁设备进行通信确定列车的移动授权权限。主要的子系统包括:中央控制系统(中央 ATS 系统)、车站控制系统(车站 ATS 系统)、轨旁控制系统、车载控制(VOBC)系统和分散控制系统(DCS)组成。

(1)列车自动防护(ATP)系统。

ATP 系统由地面设备、车载设备组成(图 3-5-29),监督列车在安全速度下运行,确保列车一旦超过规定速度就能立即施行制动,达到安全防护,原理如图 3-5-30 所示。

(2)列车自动驾驶(ATO)系统。

ATO 系统是控制列车自动运行的设备,由车载设备和地面设备组成(图 3-5-31),在 ATP 系统的保护下,ATO 系统根据 ATS 的指令实现列车站间运行控制、速度的自动调整、自动折返、定位停车等功能。

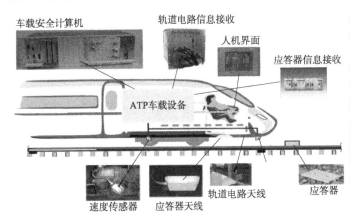

图3-5-29　某城市轨道交通ATP系统示意图

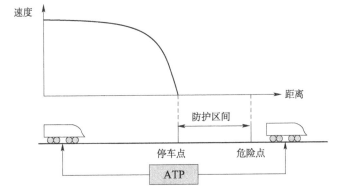

ATP系统速度防护

图3-5-30　ATP系统安全停车防护示意图

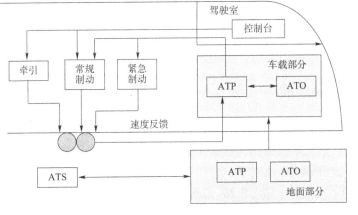

ATO系统作用和构成

图3-5-31　某城市轨道交通ATO系统示意图

(3)列车自动监控(ATS)系统。

ATS系统由控制中心、车站、车辆段以及车载设备组成。ATS系统在ATP系统的支持下可完成对列车运行的自动监控,实现进路控制、移动监督、运行图管理、运行调整、旅客向导、仿真培训等基本功能。

3.6 隐形桥梁之通信

城市轨道交通通信系统是直接为城市轨道交通的运营服务的,为信息沟通搭建了"隐形桥梁",是保证列车快速、高效运行及乘客安全的一种内部智能自动化综合业务数字通信网络系统。

一 通信系统的作用

在正常情况下,通信系统可为城市轨道交通运营管理提供通信联络服务,比如进行公务联络,有效地传输记录运营与安全管理相关的语音、数据、图像等各种信息,为乘客提供周密的服务。

在突发灾害、事故或恐怖活动的情况下,能够集中通信资源,保证有足够的容量满足应急处理、抢险救灾的特殊通信需求。

二 通信系统要满足的要求

城市轨道交通对通信系统的要求是能迅速、准确、可靠地传递和交换各种信息。

(1)对行车组织,通信系统应能保证将各站的客流情况、工作状况、线路上各列车运行状况等信息准确、迅速地传输到控制中心。同时,将控制中心发布的调度指挥命令与控制信号及时、可靠地传送至各个车站及行进中的列车上。

(2)对城市轨道交通运行的组织管理,通信系统应能保证各部门之间、上下级之间畅通、有效、可靠的信息交流与联系。

(3)通信系统应能保证本系统与外部系统之间便捷、畅通的联系。

(4)通信系统主要设备和模块应具有自检功能,并采取适当的冗余配置,故障时能自动切换和报警,控制中心可监测和采集各车站设备运行和检测的结果。

三 通信系统的组成

城市轨道交通通信系统主要包括电话系统、有线传输系统、无线通信系统等(图3-6-1)。通信系统的服务范围涵盖了控制中心、车站、车辆段、停车场、线路(地面线路、高架线路、地下隧道)及列车。

通信系统的职责是为车站与车站、车站与控制中心、车站内部之间、地面与列车提供通信服务。其中车站和车站之间通过公务电话系统与传输系统进行通信(图3-6-2);车站与控制中心利用专用电话系统、广播系统、时钟系统、CCTV、有线传输系统进行通信(图3-6-3);车站内部之间利用专用电话系统、公务电话系统、广播系统、CCTV进行通信;列车与地面主要利用无线通信系统进行通信(图3-6-4)。

模块3　城市轨道交通设施设备构成

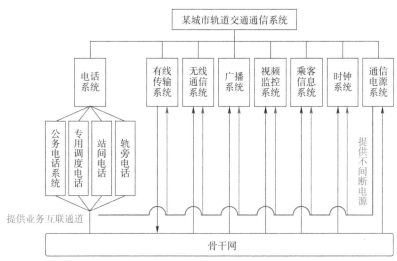

图 3-6-1　某城市轨道交通通信系统示意图

通信系统

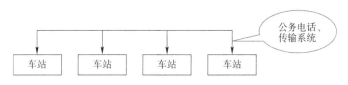

图 3-6-2　车站之间的通信示意图

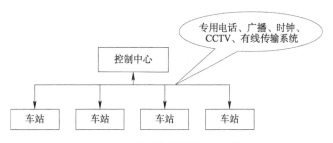

图 3-6-3　车站与控制中心的通信

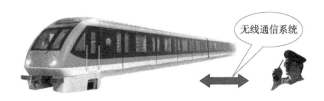

图 3-6-4　列车与地面的通信

（1）有线传输系统。

有线传输系统（简称传输系统）为底层系统,利用通信电缆或光缆（安装于隧道壁上）作为传输介质,为通信和其他系统提供语音通信及数据传输的通道。即传输系统不仅为其他通信子系统提供信息传输通道,同时还可以为轨道交通中的信号系统、自动售检票系统、综合监控系统、门禁系统等提供可靠灵活的信息传输通道,如图3-6-5所示。传输系统利用自身的物理结构,多采用双环路结构,使网络具有自愈能力,以确保这些业务通道的高可靠性(图3-6-6)。

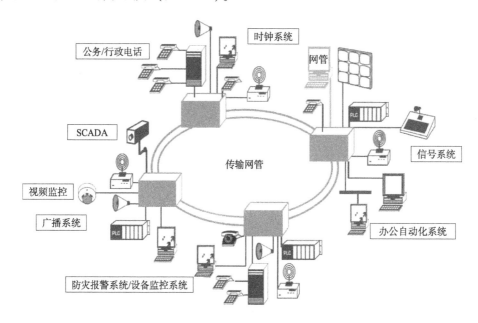

图3-6-5 传输系统示意图

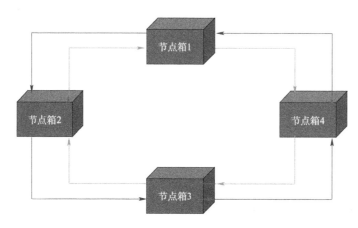

图3-6-6 传输系统的双环路结构

(2)无线通信系统。

无线通信系统(简称无线系统)主要指采用无线通信设备,用于城市轨道交通调度与司机、移动作业人员、抢险人员的通信。无线系统采用集群通信的方式,是车地通信的重要方式,是行车组织尤其是列车故障时的重要通信方式,其设备的组成如图3-6-7所示。

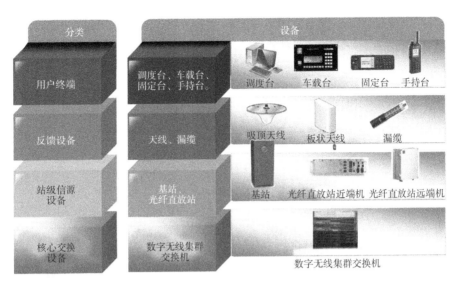

图 3-6-7 无线通信系统设备组成

拓展知识

国内城市轨道交通无线通信系统主要采用专用频道和集群两种方式。专用频道是指根据用途来配置频道,每种频道只做一种用途,即使该频道处于空闲状态也不做他用。集群方式又称共用频道方式,所有用途共用几个频道,并可根据需要和使用情况临时分配频道,通常设置一个控制频道和若干个通话频道,通话频道数目可以少于用途数目。集群通信频道利用率高,功能丰富,已逐步代替了专用频道方式。

无线通信常用呼叫类型:单工通信,半双工通信和全双工通信三种。区别与特点如图 3-6-8 所示。

a) 单工通信　　　　b) 半双工通信　　　　c) 全双工通信

图 3-6-8 无线通信三种呼叫类型

(3)专用与公务电话系统。

专用与公务电话系统又称电话网,是指利用同一套程控交换机网组成城市轨道交通专用电话网和自动电话交换网,如图 3-6-9 所示,从使用功能上分为公务电话系统和专用电话系统。

公务电话系统:公务电话用于城市轨道交通各部门间进行公务通话及业务联系,为运营、管理、维修等部门的工作人员提供服务;与公用电话网连接,实现城市轨道交通用户与公网用户间的通信;可向城市轨道

公务电话系统

交通用户提供语音、数据、传真等通信服务业务。某城市轨道交通公务电话系统结构如图 3-6-10 所示。

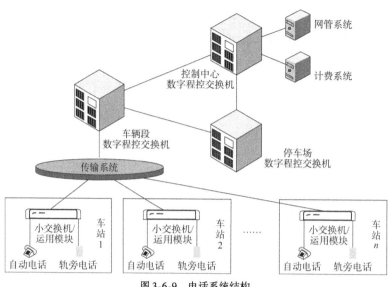

图 3-6-9　电话系统结构

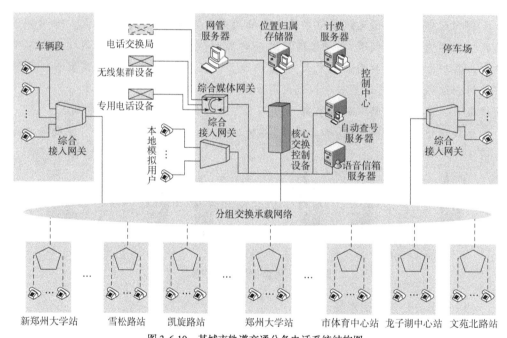

图 3-6-10　某城市轨道交通公务电话系统结构图

广播系统

专用电话系统：专用电话是调度员和车站（车辆段）值班员指挥列车运行和指导设备操作的重要通信工具，为列车运营、电力供应、日常维修、防灾救护提供专用通信。某城市轨道交通专用电话系统结构图如图 3-6-11 所示。专用电话系统包括调度电话（行车调度电话、电力调度电话、环控调度电话)、车站/车辆段/停车场内直通电话、站间行车电话(闭塞电话)和轨旁电话等,如图 3-6-12 所示。

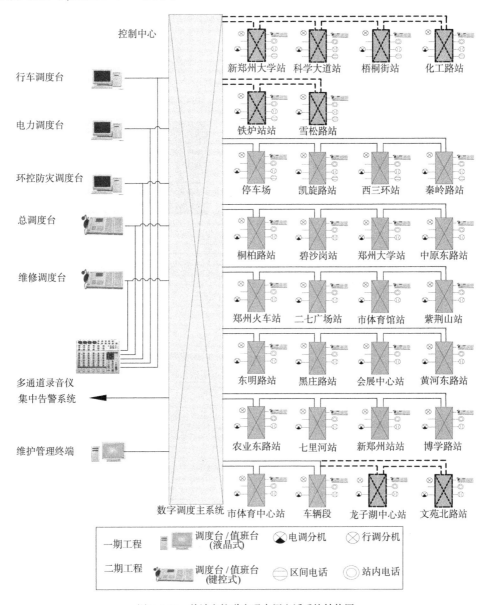

图 3-6-11 某城市轨道交通专用电话系统结构图

(4)广播系统。

广播系统由中心广播、运营线广播和车辆段/停车场广播系统组成,如图 3-6-13 所示,其中运营线广播系统又分为车站广播和列车广播。通过控制中心、车辆段的操作终端操控整条运营线路、车辆段内的广播。每个车站设置 1 套有线广播系统,分若干个播音区,可同时或分区广播。

广播系统主要设备包括广播机柜、广播控制台、扬声器等,如图 3-6-14 所示。一方面对乘客广播，通知列车到站、离站、线路换乘、计划变更等信息；另一方面出于安全考虑，在突发或紧急情况时作为组织指挥的防灾广播，对乘客进行有效疏导和指引；广播还可以为运营人员发布信息，便于协同作业，提高服务质量。

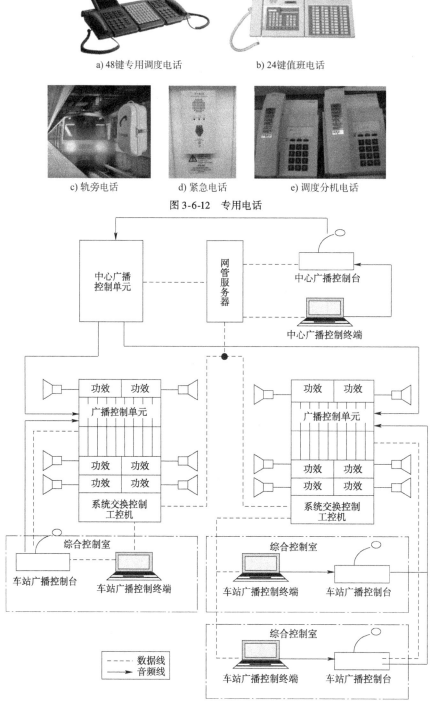

a) 48键专用调度电话　　b) 24键值班电话

c) 轨旁电话　　d) 紧急电话　　e) 调度分机电话

图 3-6-12　专用电话

图 3-6-13　广播系统结构图

a) 广播机柜

中心广播操作台　　车站、车辆段广播控制盒

b) 广播控制台

c) 广播控制台 　　d) 号筒扬声器 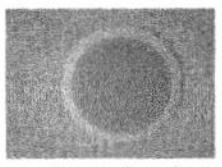　　e) 纸盆扬声器

图 3-6-14　广播系统设备

(5) 时钟系统。

时钟系统是为控制中心调度员、车站值班员或与行车相关的各部门工作人员及乘客提供统一标准时间信息的设备。该系统对保证城市轨道交通运行计时准确、提高运营效率起到了非常重要的作用。

时钟系统一般分为中央级和车站级,中央级设置在控制中心,包括 GPS 天线和一级母钟(图 3-6-15)和子钟,一级母钟及 GPS 接收设备位于控制中心通信设备室,控制中心工作区域设置子钟,时钟系统常见布局结构如图 3-6-16 所示。车站级设置在各车站与车辆段,包括二级母钟(图 3-6-17)和子钟。二级母钟安装在车站及车辆段的通信设备室,子钟则安装在站台、站厅及车辆段管理场所等,有数显式子钟(图 3-6-18)和指针式子钟(图 3-6-19)两种类型。

(6) 视频监控系统。

视频监控系统(简称 CCTV 系统)是指为城市轨道交通系统运营管理提供全线各车站、列车及相关场所实时场景图像、线路运营和事故灾害信息的专用系统。系统设备包含三层结构:第一层前端信息采集结构,包含摄像机、镜头、护罩及云台等,如图 3-6-20 所示;第二层信息处理结构,包含视频矩阵、视频控制键盘、报警输入单元等;第三层图像记录显示结构,包含数字硬盘录像机及专业视频监视器等。

视频监控系统

CCTV 系统主要作用是使控制指挥中心调度管理人员、车站值班员、站台工作人员等能够以实时监控或事后查看的方式监控到所管辖车站客流、列车出入站及旅客上下车等情况,从而确保车站、乘客安全,合理进行客流组织。

视频监控系统主要由中央级视频监控系统(图 3-6-21)、车站级视频监控系统(图 3-6-22)、列车驾驶监控子系统和公安控制中心监控子系统四部分组成,如图 3-6-23 所示。中央视频监控系统设备通常位于该运营线路控制中心的通信设备室,车站视频监控子系统设备则安装在各车站的通信设备室。系统外围设备摄像机、监视器等则分布在各站站厅、站台等区域。

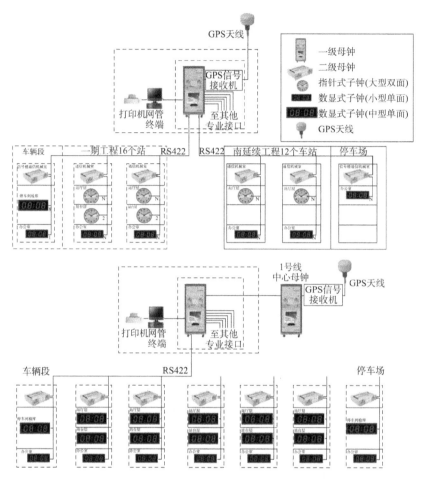

图 3-6-15 时钟系统的两种结构图

图 3-6-16 中心一级母钟

图 3-6-17 车站二级母钟

图 3-6-18 数显式子钟

图 3-6-19 指针式子钟

模块3　城市轨道交通设施设备构成

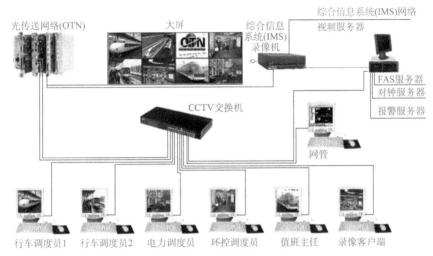

图 3-6-20　城市轨道交通各类摄像机

图 3-6-21　中央级视频监控系统

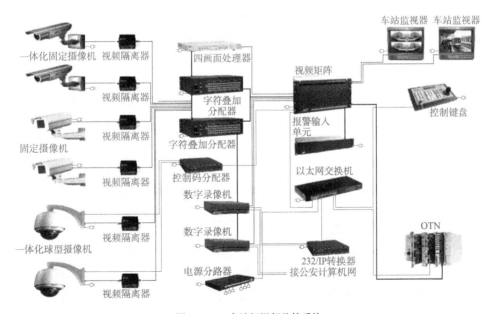

图 3-6-22　车站级视频监控系统

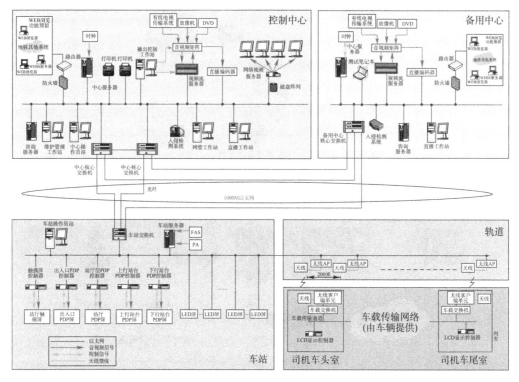

图 3-6-23　CCTV 系统结构图

(7) 乘客信息系统。

乘客信息系统是依托多媒体网络技术,以计算机系统为核心、车站显示终端为媒体向乘客提供信息服务的系统。

乘客信息系统功能包括:正常情况下提供乘车须知、服务时间、列车到发时间、列车时刻表、新闻等实时动态的多媒体信息;在非正常情况下,提供应急信息发布功能。

乘客信息系统(图 3-6-24)按照结构划分,PIS 系统包含中心子系统(图 3-6-25)、广告制作子系统、网络子系统(图 3-6-26)、车站子系统(图 3-6-27)。按照控制功能划分,PIS 系统分为:信息源、中心控制播出层、网络传输层、车站控制播出层和车站播出设备。

(8) 通信电源系统。

通信电源系统(图 3-6-28)是指为满足城市轨道交通通信系统不间断、无瞬变的供电需求而设置的系统设备。电源系统能向各通信设备提供安全、可靠的不间断的电源,以保证在工频交流电中断时,各通信系统仍能工作一段时间。

通信电源系统的设备包括交流配电屏、直流供电系统、不间断电源系统、蓄电池、接地防雷系统和集中监控系统等,被称为城市轨道交通通信设备的"心脏"。其中 UPS 向交流用电设备提供 AC220V 电源,通过高频开关电源向直流用电设备提供 DC48V 电源。某城市轨道交通通信电源系统构成如图 3-6-29 所示。

模块3 城市轨道交通设施设备构成

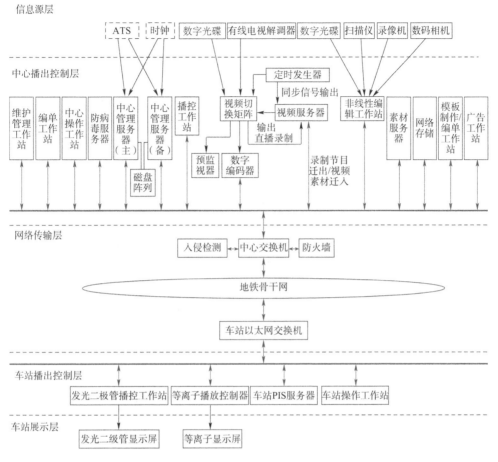

图 3-6-24 PIS 系统构成

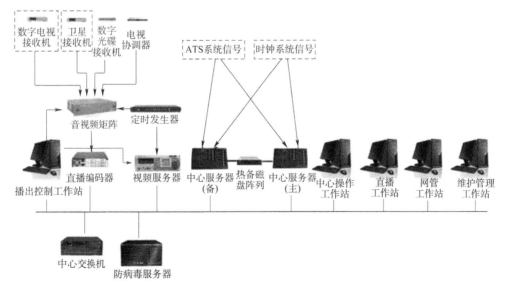

图 3-6-25 中心子系统构成

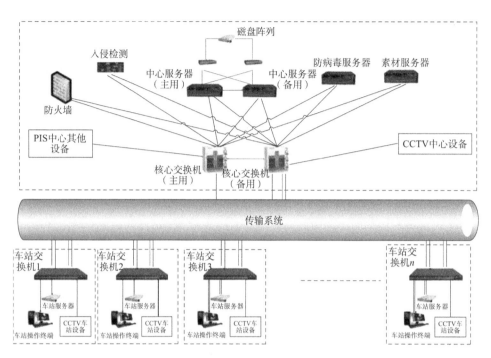

图 3-6-26　网络子系统

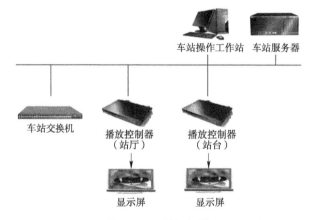

图 3-6-27　车站子系统

图 3-6-28　通信电源设备

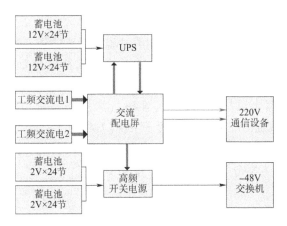

图 3-6-29　某城市轨道交通通信电源系统构成

3.7 智能联动之机电设备

城市轨道交通系统包括电力系统、信号系统、通信系统、车辆系统等多个专业系统（图 3-7-1），只有各专业和子系统精准配合，才能保证城市轨道交通安全可靠运行，那各专业和系统是如何协同运转的呢？城市轨道交通的综合监控系统（ISCS）就是实现各系统和设备的智能联动控制，保证各系统协同合作的系统。本节将通过对 ISCS 进行详细介绍，向各位同学讲解城市轨道交通机电设备。

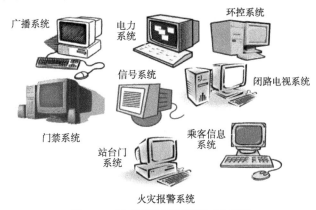

图 3-7-1　城市轨道交通系统的各子系统

一　综合监控系统概述

城市轨道交通综合监控系统（ISCS）是以现代计算机技术、网络技术、自动化技术和信息技术为基础，集成了信号、视频监控、自动售检票、通风、给排水、电力、火灾、环控、不间断电源、站台门等多个地铁自动化专业子系统，并在集成平台的支持下对地铁各专业进行统一监控，实现各专业系统的信息共享及系统之间的联动控制功能，从而提高运营效率，为实现城市轨道交通现代化运营管理提供信息化基础。

(1) 综合监控系统构成。

综合监控系统采用2级管理、3级控制的分层分布式结构。在中央级(控制中心)和车站级(各车站/车辆段)实现集成和互联系统的设备监控与信息统计管理功能。主要由中央综合监控系统(CISCS)、车站综合监控系统(SISCS)、停车场/车辆段综合监控系统(DISCS)、综合监控主干网络(NMS)、大屏幕系统(OPS)、软件测试平台(STP)、集中告警子系统(IAS)、培训管理子系统(TMS)和综合后备盘(IBP)等组成。

根据各系统的接口形式、接入后实现的功能以及人机界面的设置,可将综合监控系统与各系统的接入方案分为集成、互联2种方式。

---- 视 野 拓 展 ----

综合后备盘(IBP)是一种人机接口装置,设置在每个车站的车站控制室,当在中央一级发生通信故障或在车站一级发生人机界面故障时,作为车站主控系统的后备设备,在紧急情况下使用的按键式模拟监控盘,以支持车站的关键监视和控制功能,如图3-7-2所示。

图 3-7-2　车控室 IBP 盘全景

IBP 为信号系统、机电设备监控系统、门禁系统、自动售检票系统(AFC)、站台门系统、电扶梯系统、防淹门系统提供一个统一的硬件安装平台,具体界面如图3-7-3所示,使车控室整洁美观。

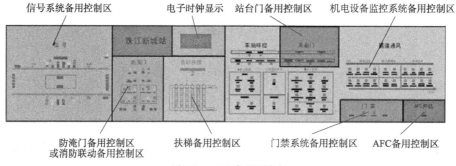

图 3-7-3　IBP 盘界面分布

(2) 综合监控系统的功能。

综合监控系统在正常状态下对电力、消防、环控、广播、CCTV 等系统进行监控,对站台门、防淹门、信号、AFC 等系统进行监视,保证车站及区间内机电设备按预设状态自动安全运行,使各项机电设备可靠、节能、达标。发生灾害时,系统能迅速进入防灾运行模式,保证人员的生命安全并减少财产损失。

(3)综合监控系统的控制。

综合监控系统由控制中心与车站控制室进行两级管理,由中央级、车站级和就地级对机电设备进行监控,其中车站控制室的设备如图 3-7-4 所示,车站 ISCS 操作界面如图 3-7-5 所示。

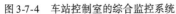

图 3-7-4 车站控制室的综合监控系统

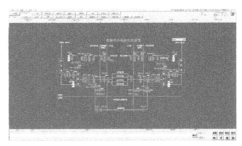

图 3-7-5 典型车站 ISCS 操作界面示意图

二 综合监控系统监控下的机电设备介绍

城市轨道交通机电设备主要包括自动售检票系统、防灾报警系统、环境控制系统、电梯系统、站台门系统、给排水系统、低压配电与照明系统和安防系统等,如图 3-7-6 所示。

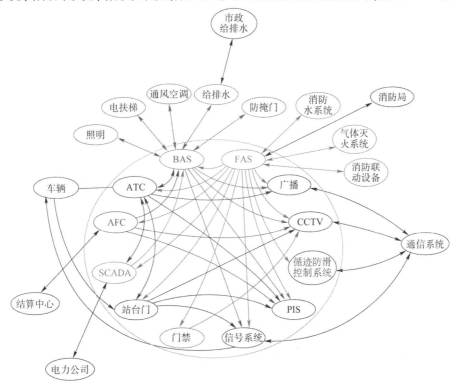

图 3-7-6 综合监控系统监控设备

(1) 自动售检票系统(AFC)。

自动售检票系统是基于计算机、通信、网络、自动控制等技术,实现城市轨道交通售票、检票、计费、收费、统计、清分、管理等的全过程自动化系统。

自动售检票系统主要由清分中心(ACC)、线路中央 AFC 系统(LCC)、车站 AFC 系统(SC)、终端设备和车票组成,如图 3-7-7 所示。终端设备包括出/入站检票闸机、自动售票机、车站票务系统、自动充值机、自动验票机等现场设备,部分设备如图 3-7-8 所示。车票有单程票、储值票、特殊票及乘车码。

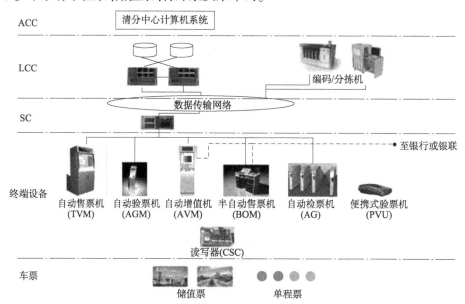

图 3-7-7　自动售检票系统架构图

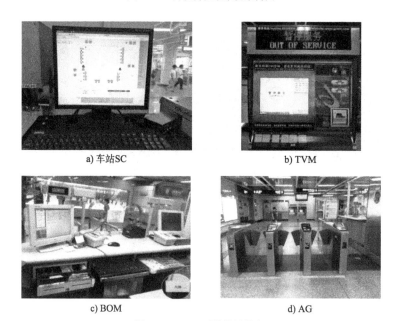

图 3-7-8　AFC 系统终端设备

(2)防灾报警系统。

防灾自动报警系统是指城市轨道交通系统中,为了尽早探测到火灾并发出火灾报警、启动有关防火和灭火装置,在车站和区间设置的一种自动消防设备。负责实现火灾探测,能够及时、准确地向车站级发出火灾警报、报告火灾区域、联动消防设备进行灭火。

FAS系统设备由中央级设备、车站级设备、现场级设备和通信网络(图3-7-9)组成。主要设备包括防灾报警系统图文工作站、火灾报警控制器、火灾报警探测器、监视模块、控制模块、现场回路总线及其他现场设备,部分设备如图3-7-10所示。

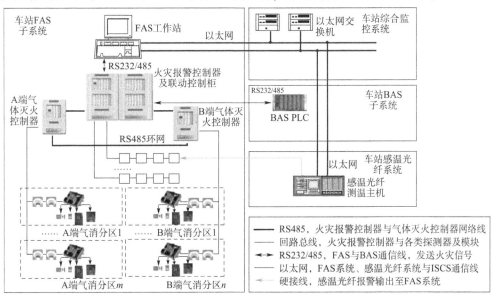

图3-7-9 FAS系统组成分布示意图

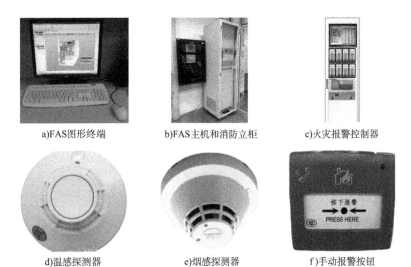

图3-7-10 火灾自动报警系统设备

城市轨道交通消防系统分中央和车站两级。中央级的主要功能是:监视全线消防设备状态;火灾时,指挥全线消防抢险活动;控制全线有关消防设备的运行。车站级的主要功能是:监视车站消防设备运行情况,接收各类报警信息;控制车站及相邻区间内消防设备的动作,实施灭火活动;与中央级间进行必要的信息传输。

防灾报警系统有自动启动、半自动启动和人工启动三种启动方式。自动启动的条件是同一防火分区的任意两个探测器都产生火灾报警时,火灾自动报警控制器将自动启动火灾模式;半自动启动条件是防火分区的任意一个探测器产生火灾报警,值班人员现场确认后,触发设置在现场的任意一个手动报警器(包括破玻报警器和手拉报警器),系统控制盘接收到确认报警后,将自动启动火灾模式;人工启动的条件是确认现场发生火灾后,操作IBP盘或火灾报警器上的启动火灾按钮人工启动火灾模式。

三种启动模式的具体启动条件如图3-7-11所示。系统具体的启动工作流程如图3-7-12所示。

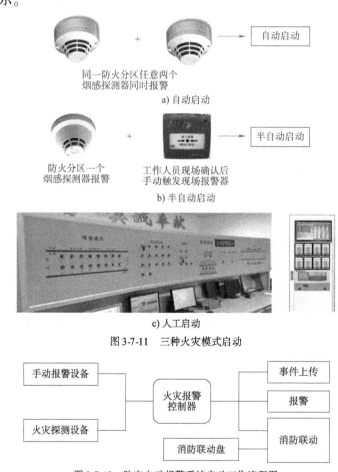

图3-7-11 三种火灾模式启动

图3-7-12 防灾自动报警系统启动工作流程图

城市轨道交通火灾自动报警系统一般分为两级管理模式和三级控制模式。两级管理是在中央控制中心设置消防指挥中心,在各车站、车辆段、主变电所等场所设置火灾控制室作为车站级消防控制中心。三级控制为主控制级控制,分控制级控制和就地级消防控制。

模块3　城市轨道交通设施设备构成

▸ 视 野 拓 展 ◂

消防设施：城市轨道交通的消防设备包括水消防（消火栓）、灭火器、消防水泵（部分车站）、气体灭火系统、FAS（火灾自动报警系统）、消防广播、应急照明、防排烟风机，部分设备如图3-7-13所示。

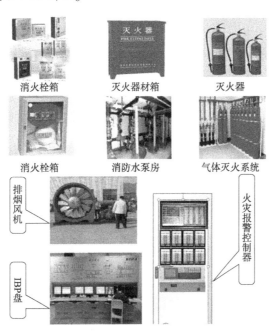

图3-7-13　城市轨道交通消防设施

消防联动：消防联动是指在火灾模式下，通过某种方式（自动化系统程序或者消防联动控制盘），启动相对应的一系列消防设施的操作流程。

(3)环境与设备监控系统(BAS)。

环境与设备监控系统简称BAS系统，是为监控地铁全线各车站、场段、隧道区间相关机电设备而设的自动监控系统。BAS系统的监管对象包括全线空调、通风、给排水、照明、电梯、扶梯、站台门等正常运营保障设施和事故紧急防救灾设施。BAS系统监控各系统的运行状态和参数以及车站公共区和设备房环境温湿度等，确保以上这些系统的安全可靠运行，特别是在地下车站发生火灾事故的情况下，保证相关的救灾设施可以按照预定模式及时有效地运行，自动实施报警、灭火、排烟及通风换气从而保障人身安全。被监控的设备如图3-7-14所示。

城市轨道交通环控系统一般分为两大系统、四大子系统：车站空调通风系统[公共区域空调系统(大系统)、设备管理用房通风空调系统(小系统)、环控水系统]和隧道通风系统，如图3-7-15所示。环控系统是供城市轨道交通"呼吸"的系统，为车站通风换气，调节温度，为乘客提供舒适的环境，在火灾等紧急情况下，还能快速排走烟和有毒气体，并输送新鲜空气，系统具体设备布置及原理如图3-7-16所示。

消防设备的使用

图 3-7-14　BAS 系统主要监控设备图

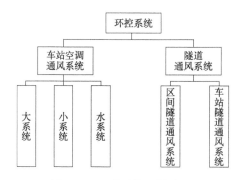

图 3-7-15　环控系统组成框架图

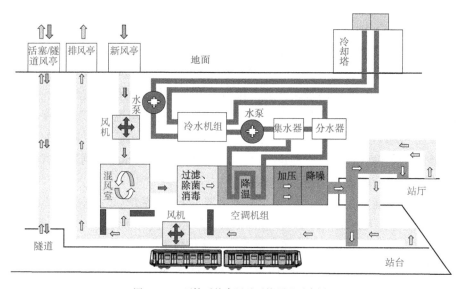

图 3-7-16　环控系统布置及系统原理示意图

拓展知识

地铁车站公共区空调通风兼排烟系统,简称大系统,主要负责车站站厅、站台、出入口等公共区范围的空气温度、湿度调节,是车站通风换气的系统。室外的新鲜空气由新风亭进入空调机组,经过过滤、除菌、消毒、降温、加压和减噪后,送入站厅和站台,如图3-7-17所示。车站管理及设备用房区域的空调通风兼排烟系统,即设备管理用房通风空调系统(简称小系统)。

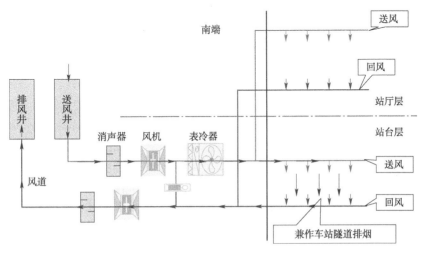

图3-7-17　大系统(兼排烟)

环控水系统的主要功能是给大、小系统提供冷、热源。南方城市地铁水系统主要设置供冷系统,通过冷水机组制造冷冻水,输送到空调机组,与空气进行热交换,为站厅、站台降温,如图3-7-18所示。供热系统一般在北方较寒冷的地方才设置。

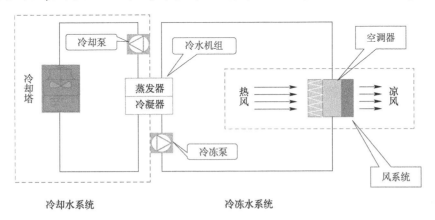

图3-7-18　水系统

隧道通风分为区间隧道通风和车站隧道通风两部分,其中区间隧道通风设备配置如图3-7-19所示。正常列车运行时,隧道一般采用活塞通风,即利用列车在隧道内运行过程产生活塞效应进行通气换气。

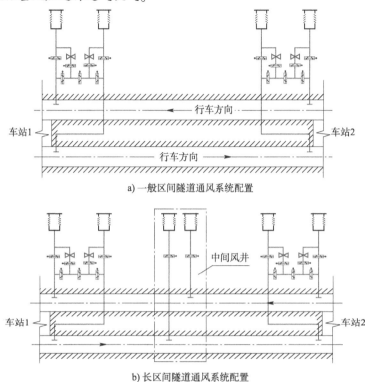

a) 一般区间隧道通风系统配置

b) 长区间隧道通风系统配置

图 3-7-19　区间隧道通风系统配置

(4) 电扶梯系统。

电扶梯系统是城市轨道交通站台、站厅、地面间运送客流的主要设备,每天担负着运送大量客流的任务,对能够及时疏散客流起着至关重要的作用。城市轨道交通的电扶梯系统包括垂直电梯、自动扶梯、人行步道和楼梯升降机,如图 3-7-20 所示。

a) 垂直电梯　　　　b) 自动扶梯　　　　c) 人行步道　　　　d) 楼梯升降机

图 3-7-20　电梯设备

(5) 站台门(PSD)系统。

站台门系统安装在站台边缘,将轨道行车区与站台候车区域隔离开来,既可以有效降低车站环控设备用电量,防止车站空调系统通风流失,还能有效防止乘客误入轨行区造成危险,全高门还能很好地隔离轨行区的噪声,给乘客带来安全舒适的候车环境。

站台门分为全高封闭式站台门和半高敞开式站台门,地下车站采用全高封闭式站台门,地面与高架车站采用半高式站台门,如图 3-7-21 所示。

a)全高封闭式站台门

b)半高敞开式站台门

图 3-7-21　两种类型站台门

站台门系统由门体结构、门机系统、电源和控制系统组成,如图 3-7-22 所示。门体结构包括滑动门、固定门、应急门、端门、顶箱及承重结构等,如图 3-7-23 所示。门机系统是站台门系统滑动门的操作机构,主要由电机、传动装置、导轨与滑块总成、锁紧及解锁装置、行程开关和位置检测装置等组成。

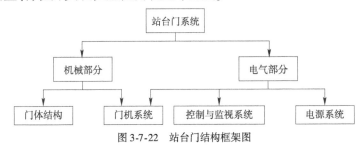

图 3-7-22　站台门结构框架图

图 3-7-23　站台门门体结构

———— ◦ 视 野 拓 展 ◦ ————

站台门系统有系统级、站台级、人工操作(手动操作)控制模式。系统级控制是执行信号系统命令的控制模式,与列车车门联动控制;站台级控制是执行站台 PSL 发出命令的控制模式,如图 3-7-24 所示;手动操作是指站台工作人员在站台侧用专用钥匙操作 LCB 或由乘客在轨道侧推动解锁装置打开滑动门,如图 3-7-25 所示。此外,站台门系统设有火灾控制模式,在相应的火灾模式下,车站值班人员可于车站控制室操作 IBP 盘操作站台门紧急开关,配合打开滑动门,疏散乘客和配合环控系统排烟,如

图 3-7-26 所示。

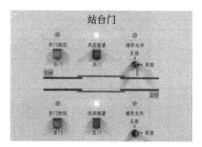

图 3-7-24　PSL 盘面图　　图 3-7-25　LCB　　图 3-7-26　IBP 盘站台门操作面板

上述控制模式的控制优先权依次为人工操作模式、火灾控制模式、站台级控制模式、系统级。

(6) 给排水系统。

城市轨道交通给排水系统是用来提供城市轨道交通运营中生产、生活和消防用水,收集并排除地下渗透水和生产、生活产生的废水、污水的系统,包括给水系统和排水系统两部分。其中给水系统包括生产、生活给水系统、消防给水系统和自动喷水灭火系统。地铁给水系统的水源一般取自城市自来水。排水系统包括废水排水系统、污水排水系统、雨水排水系统和结构渗水系统。

地铁车站的生产、生活给水系统包括水源、水池、水泵、水塔(水箱)、气压罐、管道和阀门(图 3-7-27);消防给水系统包括水源、消防地栓、水泵结合器、消防水泵、管道、阀门、消火栓和水流指示器(图 3-7-28)。车站废水排放系统、污水排放系统和雨水排放系统主要由集水井、压力井和化粪池等组成(图 3-7-29)。

a)　　　　　　　　b)

图 3-7-27　车站生活生产给水设备

a)　　　　　　　　b)

图 3-7-28　消防给水设备

a)　　　　　　　　　　b)　　　　　　　　　　c)

图 3-7-29　排水系统设备

拓展知识

城市轨道交通给排水设备主要有离心水泵(潜水泵、消防水泵、生活给水泵)、消火栓(箱)、管道、阀门、气压给水设备、变频给水设备、污水处理设备(主要包括计量泵、鼓风机、空压机、螺杆泵、潜水泵、溶气罐、过滤罐、一体化处理设备、气浮装置、COD在线监测仪、二氧化氯发生器、板框压滤机、污泥浓缩罐等设备)、水泵结合器、消防地栓、自动灭火系统等设备。

(7) 安全防范系统。

城市轨道交通安全防范系统由安防网络系统、安防集成管理系统、视频监控系统、门禁系统、乘客求助及报警系统、周界报警系统、联网安检系统等构成,综合安防系统与应急管理指挥系统结构如图 3-7-30 所示,其目的是更好地做到事前预警、事中处理、事后取证的全过程安防保障。

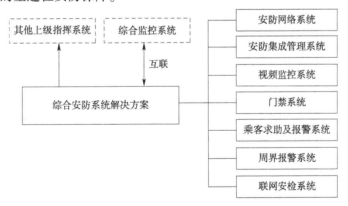

图 3-7-30　综合安防系统与应急指挥管理系统结构示意图

视频监控系统实现对车站、车辆段、列车、主变电所等场所的实时视频监控功能。

门禁系统(ACS)实现对车站、车辆段和主变电所设备和管理用房、出入口、票务室等重点区域的自动化出入管理、登记功能,以及车站、主变电所考勤管理功能。门禁系统主要由服务器、门禁控制器、前端设备(门禁点控制器、读卡器、门磁、电控锁)及相关软件构成。门禁系统分为三级架构,控制中心的中央级服务器、车站级的门禁控制主机、就地级的门禁控制模块,具体结构如图 3-7-31 所示。

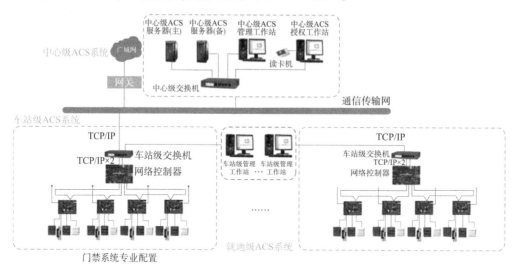

图 3-7-31　门禁系统构架图

乘客求助及报警系统主要包括设置在车站站台层、站厅层公共区和重要设备管理用房(票务室、客服中心)的紧急报警终端设备。紧急情况下,可实现乘客与工作人员以及车控室值班人员的通话功能和报警功能。城市轨道交通常见的报警装置有站台的紧急停车按钮、公共区域的火灾紧急报警器、列车上的紧急通话装置等,图 3-7-32 为部分报警设备。

图 3-7-32　报警设备

安检系统主要包括安检设备(图 3-7-33)与防爆排爆设备(防爆球如图 3-7-34 所示)。

图 3-7-33　安检设备　　　　图 3-7-34　防爆球

模块 4

城市轨道交通运营管理

📖 知识目标

(1) 了解城市轨道交通运营企业、车站及调度指挥的组织架构;
(2) 明确各运营管理岗位工作职责;
(3) 掌握城市轨道交通行车基本知识、行车组织主要工作内容和行车方法;
(4) 掌握城市轨道交通设备维修管理的主要内容及要求;
(5) 掌握城市轨道交通安全管理的要求及措施。

能力目标

(1) 能识别列车运行图;
(2) 能阅读设备维修手册,明确专业工艺检修要求;
(3) 能针对列车运行情况,给出正确的行车调整和组织方法。

素质目标

(1) 树立学生对城市轨道交通行业的认同感和职业自信;
(2) 培养学生城市轨道交通安全意识和规范意识。

建议学时

8学时。

模块任务

请学习本模块内容,完成书末模块4学习任务单。

学习分组

建议学习者组建学习小组,制订学习计划,共同完成相关任务。

姓 名	学 号	分 工	备 注	学习计划
			组长	

> **任务准备**

引导问题1 属于高运量轨道交通系统的主要有（　　）。
　　A. 地铁　　　　B. 轻轨　　　　C. 单轨　　　　D. 有轨电车

引导问题2 （　　）是城市轨道交通系统的核心,通过控制中心行车调度员实施指挥,使各个环节协调运作,以此保证列车安全、正点运行。
　　A. 行车组织指挥体系　　　　　　B. 供电指挥体系
　　C. 应急指挥体系　　　　　　　　D. 信号指挥体系

引导问题3 （　　）是指除列车在车站的到达、出发、通过及在区间内运行外,列车或车辆有目的地移动。
　　A. 接车　　　　B. 调车　　　　C. 发车　　　　D. 接发车

引导问题4 自动售检票系统的缩写是（　　）。
　　A. FAS　　　　B. ACS　　　　C. PIS　　　　D. AFC

引导问题5 在安全管理手段中,（　　）是运营安全管理最经常运用的工作方法和手段。
　　A. 经济手段　　B. 行政手段　　C. 思想教育　　D. 法律手段

引导问题6 请判断正误:控制中心是轨道交通运营管理、行车组织的调度指挥中心、信息收发中心和通信联络中心。　　　　　　　　　　　　　　　　（　　）

引导问题7 请判断正误:为确保独立运营,每条地铁线路的正线数目为双线,列车左侧行车。　　　　　　　　　　　　　　　　　　　　　　　　　　　（　　）

引导问题8 请判断正误:列车运行图实际上是为运营调度部门提供一种组织列车在区间运行的图解形式的计划。　　　　　　　　　　　　　　　　　（　　）

引导问题9 请判断正误:为保证运行车技术状态良好,应均衡安排列检作业时间。
　　　　　　　　　　　　　　　　　　　　　　　　　　　　　　　　（　　）

引导问题10 请判断正误:采用调度监督条件下的列车自动运行控制组织行车时,列车通过人工运行控制,除了站台客流疏导和运行监控外,车站基本不参与组织行车。　　　　　　　　　　　　　　　　　　　　　　　　　　　（　　）

引导问题11 车站有哪些运营管理岗位?

引导问题12 城市轨道交通运营管理有哪些指挥体系?

引导问题13 环控系统包含哪些组成部分?

引导问题14 安全管理的内容有哪些?

> 知识储备

4.1 城市轨道交通运营管理概述

城市轨道交通是一个庞杂的大系统,在运输组织上,实行集中调度、统一指挥、逐级负责、按图运行;在功能实现上,需要车辆、机电、通信、信号、供电等系统紧密配合,确保相关设备系统状态良好,运行正常;在安全保障上,需要依靠合理的行车组织规则和可靠的设备运行来保障行车间隔。

城市轨道交通运营管理综合利用相关设施设备为乘客提供优质服务,其主要包括行车管理、站务管理、票务管理和设备管理等。随着大量高科技设备的投入运用,客流增长与运能矛盾的日益凸显以及网络化运营反映出来的诸多问题,使人们认识到运营管理的重要性和加强运营管理的必要性。本节将介绍城市轨道交通运营企业、车站、调度指挥组织架构,明确各运营管理岗位工作职责。

一 城市轨道交通运营企业组织架构

当前,城市轨道交通运营企业大多采用集团—分公司两级模式。在集团公司层面,设有相关职能部门,如人力资源部、财务部、发展规划部、宣传部等,具体负责集团公司相关业务。运营企业在集团公司统一领导下,成立各具体业务分公司,如负责运营的运营分公司、负责工程建设的建设分公司、负责开发的开发分公司等。此外,广州等城市轨道交通运营企业不设运营分公司,而采取集团—事业部模式。

(1)运营分公司模式

与城市轨道交通运营管理有关的业务大多属于运营分公司业务范围,因此,运营分公司在城市轨道交通运营企业组织架构中占有重要地位。不同城市轨道交通企业运营分公司组织架构模式不尽相同,概括说来,主要有多家运营分公司和独家运营分公司两种模式。

①多家运营分公司模式。如北京、上海等城市轨道交通运营线路较多的城市采用了多家运营分公司模式。北京市地铁运营有限公司(北京地铁)成立于1970年4月15日,是北京市市属大型国有独资公司。其负责线路运营的有运营一分公司、运营二分公司、运营三分公司和运营四分公司等。

上海申通地铁集团有限公司是一家融轨道交通投资、建设、运营管理、资源开发和设计咨询为一体的大型国有企业集团,由上海轨道交通投资、建设和运营。负责线路运营的有第一运营有限公司、第二运营有限公司、第三运营有限公司、第四运营有限公司和上海磁浮交通发展有限公司等。

②独家运营分公司模式。独家运营分公司模式适用于初期运营线路不多的城市轨道交通运营企业,这一模式目前在国内普遍应用,如成都地铁运营有限公司。在该

模式下,运营分公司全面负责所辖线路的运营管理,一般会下设站务中心、车辆中心、维修中心、通号中心和乘务中心等相关职能部门,具体负责相关业务。

(2)事业部模式

广州地铁等城市轨道交通运营企业采取集团—事业部模式,集团下设置职能部门、事业部及其他机构。由事业部负责相关业务,如建设事业总部具体负责工程建设、运营事业总部具体负责运营管理事务等。

城市轨道交通运营企业应具有与运营管理模式和管理任务相适应的组织架构,设置行车组织、客运服务、设施设备维护、安全生产管理等部门,制定完备的规章制度和管理规程,保障城市轨道交通安全、可靠、高效运行。

二 车站组织架构

城市轨道交通车站组织架构,以地铁车站为例,一般实行层级负责制,由上至下的顺序依次为:站长→值班站长→值班员→站务员(图4-1-1)。

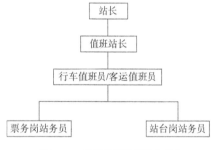

图4-1-1 车站运营管理岗位架构

车站的运营管理主要由值班站长具体负责,值班站长受站长委托全面负责当班期间接发列车、施工组织、疏导客流、乘客服务、事故(事件)处理及人员管理等工作。

值班员分为行车值班员和客运值班员,在值班站长领导下,各自负责所辖事务。其中行车值班员主要负责行车组织、施工办理、调度命令接收不处理等工作;客运值班员主要负责票务运作相关工作。

站务员一般分为票务岗站务员和站台岗站务员,票务岗站务员具体负责客服中心乘客票务、乘客咨询等事务,站台岗站务员具体负责站台接发列车、引导乘客上下车等事务。

总之,城市轨道交通车站在值班站长的指挥下,各岗位人员按照岗位职责和工作流程开展工作,各司其职。

三 调度指挥组织架构

城市轨道交通行业在运营组织方面,实行集中调度、统一指挥、逐级负责、按图行车。其中,调度指挥由运营控制中心(OCC)来执行。运营控制中心不仅要负责城市轨道交通运营列车运行指挥、设备运行监控,还要对运营信息进行收发、事故故障进行应急处理。而一旦发生突发事件,控制中心还负责与外界协调联络,对运营进行支援。因此,运营控制中心被视为城市轨道交通的"大脑"。其中行车、电力和环控调度员、值班主任助理、综合调度员统称为OCC专业调度,他们各司其职又相互配合(如图4-1-2所示),是线路运营的一级指挥。

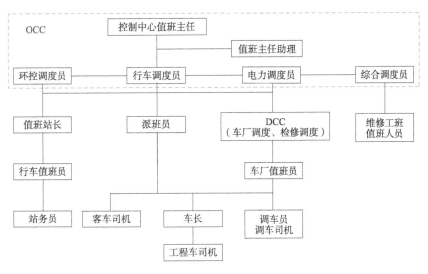

图 4-1-2　调度指挥组织架构

四　运营管理岗位职责

城市轨道交通企业运营管理涉及多岗位,概括来说,主要有运营控制中心(图 4-1-3)相关岗位和车站相关岗位,运营控制中心岗位负责全线路的运营管理事务,车站岗位负责本站运营管理事务。

图 4-1-3　运营控制中心

1. 运营控制中心岗位及职责

下面简要介绍行车调度员、电力调度员、环控调度员和综合调度员的主要职责。

(1)行车调度员岗位职责主要如下：

①组织指挥各部门、各工种严格按照列车运行图的规定和要求行车。

②组织列车到发和途中运行,监控列车行车和设备运转状况。

③根据客流变化,及时调整列车开行计划。

④列车晚点,运行秩序紊乱时,通过自动或人工方式对列车运行进行调整,尽快恢复按图行车。

⑤发生行车事故时,按照规定立即向上级和有关部门报告,迅速采取救援措施,最大限度减少人员伤亡、降低事故损失、防止事故升级,及时恢复列车的正常运行。

⑥安排各种检修施工作业,组织施工列车开行。

(2)电力调度员岗位职责主要如下：

①监督指挥供电系统的运行和操作,审批供电设备的检修作业,正确迅速果断地指挥供电设备的故障处理。

②充分发挥城市轨道交通供电设备能力,满足各类设备的用电需求。

③监督整个城市轨道交通供电系统安全运行,确保连续供电。

④根据城市轨道交通供电系统实际情况,按供电模式要求确保整个系统在最经济方式下运行。

(3)环控调度员岗位职责主要如下:

①负责城市轨道交通环控系统的调度和管理工作,监督环境监控系统、火灾报警系统及气体灭火系统的运行。

②负责指挥城市轨道交通环控系统,实现系统安全、高效、经济的运行,为乘客提供安全、舒适的乘车环境。

③在城市轨道交通区域内发生火灾时,通过指挥环控设备执行相应的通风模式,协助、配合火灾扑救工作,确保乘客和工作人员的生命和财产安全。

(4)综合调度员岗位职责主要如下:

①接收物资设施系统设施设备和自动售检票系统(AFC)故障(事故)报告,并记录有关情况。

②接收的设施设备的故障(事故)报告信息进行初步分析判断,报相关部门,并向各中心发布设备维修调度命令,同时跟踪设备维修调度命令的执行情况,对故障(事故)处理过程中发生的各类事项进行必要的协调。

③对设施设备的故障(事故)进行分类、分析、统计,按时填写物资设施系统故障(事故)分析日(月)报,并报物资设施部门。

④校核物资设施部管理范围内的维修计划并协调、配合计划实施,监督、跟踪作业令执行与完成情况,对作业令的执行进行必要的协调;对计划完成情况进行统计、上报。

2. 车站岗位及职责

下面简要介绍站长、值班站长、值班员和站务员的主要职责。

①站长岗位职责主要如下:站长全面负责车站行政管理工作,对车站的安全、票务、服务、培训、人员及班组建设等工作负责;组织本站人员完成车站行车、票务和客运服务工作及特殊情况下的应急组织。站长不仅要代表城市轨道交通运营企业在车站行使属地管理权,还需要经常与周边部门沟通、协调,创造良好的运营环境。站长还有对辖内员工的岗位调整权、监督考核权、晋升推荐权。

②值班站长岗位职责主要如下:值班站长直接对站长负责,服从行车调度员、电力调度员等运营控制中心岗位的统一指挥,对本班的行车、客运、票务、培训及人员管理等具体事务进行管理和落实。在日常工作中负责本班工作人员的管理、监督检查、指导等工作。

③值班员岗位职责主要如下:车站值班员(图4-1-4)分为行车值班员和客运值班员,是车站落实行车组织和客运组织的关键岗位。在值班站长的领导下,具体执行行车和客运的组织要求,按照工作流程开展工作,并对当班站务员的工作进行监督指导。在发生设备故障或紧急情况时,协助值班站长进行处理。

④站务员岗位职责主要如下:站务员主要直接面向乘客提供服务,包括售检票业务、接发列车、组织乘客乘降、回答乘客问询及对车站设备和设施运营状态进行巡视检

查等具体工作。根据负责业务的不同以及岗位区域的不同,站务员通常分为票务岗(图4-1-5)和站台岗(图4-1-6),个别车站还设厅巡岗。其中,票务岗通常以售票、兑零、处理乘客票务事务为主;站台岗通常以站台接发列车、回答乘客问询、组织乘降等工作为主;厅巡岗通常以巡视站厅设备和设施、回答乘客问询、组织及引导乘客购票等内容为主。在规模及业务量较小的城市轨道交通车站,一般可将厅巡岗、站台岗合并为巡视岗,按照规定的岗位流程对站厅、站台进行巡视,同时履行厅巡岗、站台岗职责。

a)

b)

图 4-1-4　车站值班员

图 4-1-5　票务岗

图 4-1-6　站台岗

4.2　城市轨道交通行车管理

行车管理是城市轨道交通企业运营管理的核心组成部分,是综合运用各种专业设备、组织协调运营活动的技术业务。行车管理采用先进的组织方法和技术手段保证列车运行、客运服务等系统的设施设备正常运转,以保证安全、正点、优质、高效地完成乘客运送任务。

一　列车运行计划

列车运行计划确定了各条线路全天不同时期列车运行的密度与时刻,是城市轨道交通运营组织的基础。该计划由全日行车计划、列车交路计划、车辆配备计划和列车运行图组成,包含列车在各车站的启停时间、作业方式、折返方式及所用车辆、出入库路径等。通过列车运行计划,网络化运营连成一个整体,并有秩序地进行作业。

1. 全日行车计划

全日行车计划是指运营时间内各个小时开行的列车对数计划,它规定了城市轨道交通线路的日常作业任务,是科学组织运送乘客的办法,也是编制列车运行图、计算运营工作量和确定车辆运用的基础资料。全日行车计划根据运营时间内各个小时的最大断面客流量、列车定员人数、车辆满载率和希望达到的服务水平综合考虑编制。

2. 列车交路计划

列车交路计划是根据运营管理的要求及运营条件的变化，按列车运行图或通过调度指挥，规定列车的运行区段、折返车站和按不同列车交路运行的车辆对数。列车交路计划的确定应从经济合理的角度出发，既要保证满足乘客需求又要考虑如何充分利用运能，以提高经济效益。

列车交路分为大交路、小交路和大小交路三种，如图 4-2-1 所示。大交路是指列车在线路上全线运行；小交路是指列车在线路的某一区段运行，在指定的车站折返；大小交路是指线路上两种交路并存的列车运行。大交路列车运行组织简单，对中间站折返设备要求不高，但在各区段客流量不均衡的情况下会产生部分区段运能的浪费。小交路适应了不同客流区段的运输需求，但对车站折返要求较高。大小交路混跑的组织方案，既能满足运输需求，又能提高运营效益。

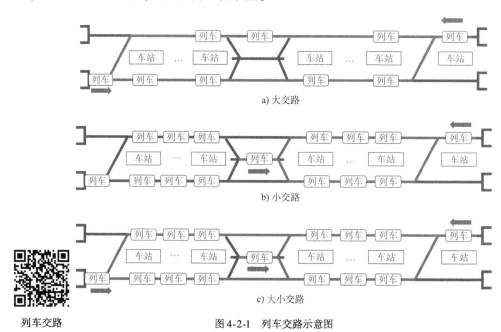

列车交路　　　　　图 4-2-1　列车交路示意图

3. 车辆配备计划

车辆配备计划是为完成全日行车计划而制订的车辆保有数安排计划。根据车辆配备计划可推算车辆数、在修车辆数和备用车辆数，从而确定在一定类型的设备和行车组织方法条件下，可完成一定的运输任务而必须保有的车辆。

4. 列车运行图

列车运行图是利用坐标原理表示列车运行的一种图解形式，是表示列车在各站和区间运行状态的二维线条图，能直观地显示各次列车在时间和空间上相互位置和对应关系。其规定了列车占用区间的次序，列车在每个车站出发、到达或通过的时间，区间运行时分,车站停车时分。有时刻表和图解表两种表现形式。

(1)列车运行图的作用

城市轨道交通列车运行图的作用主要有:

①列车运行图是组织列车运行的基础。列车运行图规定了各次列车占用区间的顺序,在每个车站到达、出发(或通过)的时刻,列车在区间的运行时分,列车在车站的停站时间和在折返站折返作业的时间,以及列车交路与出入停车场时刻等。能直观地显示列车在时间和空间上的关系,能直观地显示列车在各区间的运行及在各车站停车或通过的状态。

②列车运行图是城市轨道交通运营的综合性计划。城市轨道交通运营企业通过列车运行图将整个运输生产活动联系成一个统一的整体,把和列车运行的相关部门组织起来。在保证合理安全运营的前提下,按照列车运行图的需要制订各自的计划,并按一定程序进行工作,共同保证列车安全正点运营。如运营控制中心根据列车运行图指挥列车运行;车站根据列车运行图安排行车和客运组织工作;车辆维修部门根据列车运行图在运营前要整备好满足运营需求的列车;乘务部门根据列车运行图的要求确定列车的派出时刻和列车司机的作息计划;通号部门等也要根据列车运行图合理安排施工和维修计划,列车运行图与各部门的关系如图4-2-2所示。

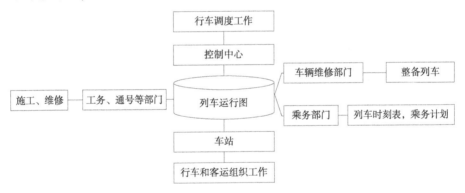

图4-2-2 列车运行图与各部门关系示意图

(2)列车运行图的图解表示要素

列车运行图是利用平面直角坐标系的原理,用横坐标表示时间和纵坐标表示距离的方式表示列车运行的轨迹。

①横坐标。表示时间变量,按要求用一定的比例进行时间划分,一般城市轨道交通列车运行图采用一分格或二分格,即每一等分表示1min或2min。

②纵坐标。表示距离分割,根据区间实际里程采用规定的比例,以车站中心线所在位置进行距离定点。

③垂直线。一组平行的等分线,表示时间等分线。

④水平线。一组平行的不等分线,表示各个车站中心线所在的位置,也称站名线。

⑤斜线。列车运行轨迹(径路)线,上斜线表示上行列车,下斜线表示下行列车。

⑥在列车运行图上,列车运行线与车站的交点即表示该列车到达、出发或通过的时刻。由于城市轨道交通列车停站时间较短,一般不标明到、发、通过的时间。

⑦在列车运行图上,每个列车均有不同的车号和车次。一般按发车顺序编列车车次,上行采用双数,下行采用单数。

具体各要素在运行图的显示如图4-2-3所示。

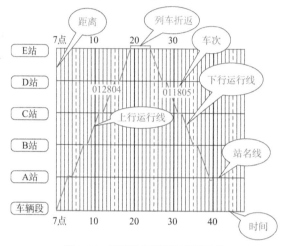

列车运行图(一)

列车运行图(二)

图4-2-3 列车运行图图解表示要素

(3)列车运行图的格式

列车运行图按照时间轴刻度划分的不同,有以下四种基本格式。

①一分格运行图。一分格运行图是指横轴以1min为单位用竖线进行等分,此种运行图适用于行车间隔时间短的地铁、轻轨等城市轨道交通系统。

②二分格运行图。二分格运行图是指横轴以2min为单位用竖线进行等分,此种运行图适用于行车间隔时间较长的地铁、轻轨等城市轨道交通系统。

③十分格运行图。十分格运行图是指横轴以10min为单位用竖线进行等分,此种运行图适用于市域快速轨道系统。

④小时格运行图。小时格运行图是指横轴以60min为单位用竖线进行等分,此种运行图适用于铁路运输企业。

(4)列车运行图的分类

根据不同的分类标准,列车运行图可分为以下几种:

①按区间正线数分,有单线运行图和双线运行图。

②按列车之间运行速度差异分,有平行运行图和非平行运行图。

③按上下方向的列车数分,有成对运行图和非成对运行图。

④按同方向列车运行方式分,有连发运行图和追踪运行图。

⑤按使用范围分,有日常运行图、节假日运行图、其他特殊运行图。

城市轨道交通系统的列车运行图因其系统特征所致,大多采用双线成对追踪平行运行图。

二 行车调度指挥

在运营过程中,为保证完成乘客运输计划,实现列车按照运行图运行,必须进行一系列的日常组织工作,即行车调度指挥工作。行车调度指挥是城市轨道交通运营企业日常工作组织的中枢,担负着组织行车、提高运营服务质量、确保运输安全的重要责任,对城市轨道交通日常工作的开展起着决定性作用。

城市轨道交通是一个复杂的、技术密集型的城市公共交通系统。为统一指挥、有序地组织运输生产活动,城市轨道交通系统设立运营控制中心。运营控制中心实行分工管理原则,按业务性质划分为若干部分,设置不同的调度岗位,如行车调度员、电力调度员、环控调度员和维修调度员等。

三 列车运行组织

列车运行组织是城市轨道交通运营管理的中心工作。城市轨道交通是一个庞杂的大系统,系统中任一环节出现问题,都可能给整个系统的正常运转带来严重的后果,而整个系统的正常运转则集中体现在列车的运行组织工作中,它是保证将乘客由出发站安全、准时、快捷地运送到目的地的关键。

1. 正常情况下的行车组织

正常情况下的列车运行组织由列车自动运行控制系统根据信号设备所能提供的运行条件,分为调度集中控制、调度监督下的自动运行控制和调度监督下的半自动运行控制三种形式。

(1)调度集中控制

调度集中控制的行车组织方式,是在调度中心行车调度员的统一指挥下,利用行车设备对列车的到、发、折返等作业进行人工控制和调整。调度集中控制下的行车组织的指挥人为行车调度员,车站不参与行车组织工作。

(2)调度监督下的自动运行控制

自动运行控制是城市轨道交通列车运行组织的发展趋势及主流行车控制方式。许多早期建成轨道交通的城市,由于当时各方面技术条件的限制,曾采用半自动化和人工方式进行行车组织,近年来已逐步采用自动运行控制替代人工。自动运行控制利用计算机技术对列车运行进行自动指挥和自动运行监护,并由列车运行保护系统提高行车安全系数。

(3)调度监督下的半自动运行控制

半自动控制是在调度中心的统一指挥和监督下,由车站行车值班员操作车站电气集中或临时信号设备控制列车的运行。在一些早期建成的城市轨道交通系统中,至今仍采用这种列车运行组织方式。在一些新线上,由于信号系统尚未安装调试完毕,在过渡期运营时也会采取这种方式进行行车组织。

2. 非正常情况下的行车组织

非正常情况下的行车组织是相对上述正常情况下的行车组织而言的,也就是在基本列车运行控制方式下,由于信号故障、道岔故障等原因而不能继续采用原行车控制方式的情况下的列车运行组织。电话闭塞法是在非正常情况下列车运行组织所采取的基本方法。对于一些由于特殊情况造成的,对原行车组织方式做出重大调整的行车组织,也属于非正常情况下的行车组织范畴。如列车救援、因故采用一线一车或分段运行等,都必须在行车调度员的统一指挥及确保安全的前提下组织列车运行。

3. 车站的行车组织

车站的行车组织工作是在运营控制中心的统一指挥下,合理运用车站的各项技术设备,负责车站行车控制指挥、施工及其他作业,包括车站列车运行控制、车站施工组织、接发列车组织工作等。

正常情况下,城市轨道交通由运营控制中心负责全线的行车指挥工作,车站只是监视列车运行而不进行进路排列等具体控制工作。只有当运营控制中心列车自动监控(ATS)设备发生故障时,由行车调度员将指挥权下放到车站,且只有联锁站才能排列进路。由行车值班员在计算机联锁区域操作员工作站上排列进路并监视列车运行,此时车站的主要行车工作是接发列车作业、列车折返作业等。

4. 车辆段的行车组织

车场调度员全面负责车辆段的行车组织作业,是车辆段行车组织的负责人,信号楼值班员负责列车进路和调车进路的办理。车辆段行车组织作业包括车辆运用作业和为完成车辆调移而进行的调车作业。

(1)车辆运用作业

城市轨道交通车辆运用作业包括以下几方面:

①列车出车作业。运转值班员根据现有的列车运行图、运营检修用车安排、车场线路存车情况等编制发车计划,发车计划编完后将计划下达给信号楼值班员,同时上报给行车调度员。运转值班员还需协助列车司机办理出乘作业,如车辆有故障,及时调整列车的出车次序,并向信号楼值班员和行车调度员传达变更出车计划。

②列车收车作业。列车经由入库线入库停稳后,运转值班员协助列车司机办理退勤手续。

③列车整备作业。运转值班员根据清洗计划组织列车清洗,若无清洗作业,应及时向车辆检修部门办理车辆交接手续,以便进行列车检修作业。

(2)调车作业

因列车折返、转线、解体、编组和车辆摘挂、取送等作业需要,列车在线路上进行有目的的调动均属于调车作业的范围。调车作业是一项多工种联合进行的复杂作业,必须实行统一领导、单一指挥。运转值班员负责编制调车作业计划,信号楼值班员办理调车进路,调车长指挥调车作业的实施,调车司机或调车员完成调车作业。

调车作业应及时完成调车任务,保证列车按图运行和其他有关作业的按时完成,充分运用各种技术设备,采用先进的作业方法,提高作业效率和确保作业安全。为达此要求,调车作业必须遵守行车组织规则和有关调车作业的规定。

知识拓展

大客流的客流组织与行车组织

大客流是指车站在某一时段集中到达的、客流量超过车站正常客运设施或客运组织所能承担的客流量,此时段车站客流即为车站大客流。

大客流一般在大型文体活动散场时、重要节假日期间发生。主要表现为:车站非常拥挤或极度拥挤、乘客流动速度明显减缓、客流交叉干扰严重等。因此大客流对乘客的出行造成了不利影响、对运营安全造成了较大威胁,给城市轨道交通的运营带来很大压力。遇上大客流,车站会进行客流控制,限制车站的客流人数,同时运营部门会实施大客流快速疏散的行车方法。

根据客流量大小及线路运输能力,客流控制分为站控、线控和网控。其中站控分为三级,遵循由下至上、由内至外的客流控制原则,逐级实施,如图4-2-4所示。

 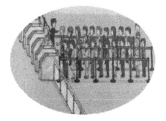 

a)楼梯(电扶梯)处设置控制点　　b)进站闸机处设置控制点　　c)车站入口处设置控制点

图4-2-4　站控示意图

第一级:在站台楼梯口(或电扶梯口)设置控制点,减少进入站台的人数;
第二级:在入闸机处设置控制点,限制进闸人数;
第三级:在车站入口设置控制点,减缓客流进站速度。

当站控不能缓解大客流时,选取同线路部分站点配合实施客流控制,以缓解大客流压力,即线控。例如图4-2-5所示,当E站发生大客流时,若本站三级客流控制不能缓解,对B、D实行客流控制,缓解E站的客流压力,即为线控。

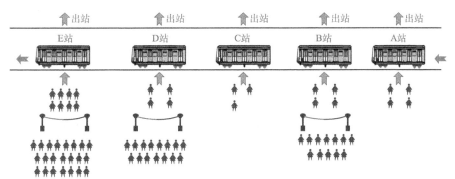

图4-2-5　线控示意图

当线控仍无法缓解客流压力时,则由线网指挥中心协调邻线配合实施客流控制,以减缓大客流线路的客流,即网控,如图4-2-6所示。

城市轨道交通大客流除了进行客流控制外,还可以通过组织加开列车、小交路运行、空车定点运营等方式提升运输能力,快速运输乘客,缓解大客流。其中加开列车即在客流高峰期,组织车辆段的备用车上线运行,加大行车密度,如图4-2-7所示。小交路运输是在原来起始站到终点站交路(大交路)运行的基础上,在客流较大区段(B站到D站),增加列车循环运行,提高列车运行效率,如图4-2-8所示。投入空车定点运营即从起始站或就近存车线加开备用空车不停站直达大客流车站运营,以便快速疏散运营车站大客流,如图4-2-9所示。

图4-2-6 网控示意图

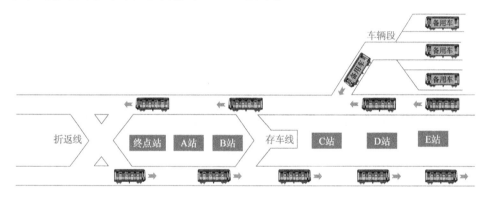

图4-2-7 加开列车示意图

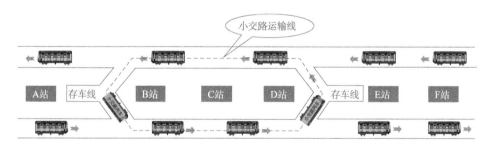

图4-2-8 小交路运输示意图

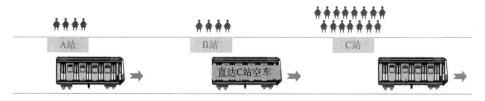

图4-2-9 投入空车定点运营示意图

4.3 城市轨道交通设备维修管理

一 城市轨道交通设备维修管理概述

确保城市轨道交通设备的稳定运行是安全的关键,也是整个城市轨道交通运营管理的核心。城市轨道交通设备种类繁多,维修(维护检修的简称)复杂,其中涉及站台门系统、低压配电系统、环控系统、给排水系统以及电扶梯系统等设备,大多数设备都是和乘客有着直接关联,使用较为频繁,容易出现损耗,因此城市轨道交通部门需要对设备进行科学、有效、及时地维修与养护管理,这样才能保证城市轨道交通系统稳定运营、安全运营,全面发挥系统的社会服务功能。

设备维修管理是城市轨道交通运营企业一项重要工作,在维修计划和工单管理的基础上,加强设备管理、维修计划管理、维修进度管理,以优化城市轨道交通设备维修管理,提高城市轨道交通综合维修保障能力,从而保障系统安全运营。

如今,我国城市轨道交通设备维修管理模式和大多数国际城市轨道交通管理模式相同,一般实行分层管理:一层是自有维修管理,即相关运营企业的维修部技术人员实施的维修与养护模式;另一层是委外维修管理,即将设备的维修工作委托给专业维修企业,委外企业对故障设备进行针对性的维修与养护的模式。两种不同层面管理的内容都是对城市轨道交通设备进行前期管理与后期管理。其中,前期管理的内容是根据实现拟定的定期养护方案,对城市轨道交通相关设备进行全面检修,这是为了有效降低故障的发生率;后期管理的内容是在城市轨道交通设备出现故障后实施及时、有针对性的处理,这是为了将故障带来的影响降到最低,确保城市轨道交通运行的连续性。

二 城市轨道交通设备维修管理内容

城市轨道交通设备的定期维护检修是确保其安全运行的重要保障,在实际的运行中,由于城市轨道交通运行时的速度非常高,所以很多设备的磨损也较为严重,有关工作人员一定要严格查看各个设备的使用周期,确保设备的正常运行。

城市轨道交通车辆的日检作业流程

城市轨道交通设备维修管理的方针可简单概括为"三定四化",其中"三定"是指定设备、定检修维护人员、定检修与维护周期和范围;"四化"是指维修作业标准化、质量检查标准化、检修工艺化、检修手段现代化。

城市轨道交通设备维修管理的内容包括车辆系统维护检修管理、供电系统维护检修管理、通信系统维护检修管理、信号系统维护检修管理、机电设备维护检修管理、安检设备维护检修管理和轨道线路维护检修管理等。

1. 车辆系统维护检修管理

车辆检修级别分为:厂修(大修)、架修、定修、月检和列检 5 类。列检检修时间间隔为 1 日、月检为 1 月、定修为 1 年(也称年检)、架修为 5 年(或运行里程达到 50 万

km 左右)、厂修为 10 年(或运行里程达到 100 万 km)。

①厂修:又称大修,对车辆各部件和系统包括车体在内进行全面的分解、检查及整修,结合技术改造对部分系统进行全面的更换,对车辆各系统进行全面检测、调试及试验。

②架修:对车辆的重要部件,特别是转向架及轮对、电机、电气、空调机组、车钩缓冲器装置、制动系统等进行分解、清洗、检查、探伤、修理,更换报废零部件;对电气部件进行清洁和测试;对蓄电池进行清洗及容量测试;对车辆各系统进行全面检测、调试及试验。

③定修:主要进行车辆的各系统状态检查、检测;各部件全面检查、清洁、润滑,部分部件如空调机组、集电器的清洁、测试和修理,以及列车的全面调试。

④月检:主要对易损件和磨耗件、相关部件的空气滤尘器进行检查;进行车辆重点部件及系统状态的检查,部件的清洁、润滑,更换磨耗件。

⑤列检:对与列车的行车安全相关部分进行日常性技术检查,并进行故障处理。

列车在车辆段检修按空间分为车底设备检修、车内设备检修、车顶设备检修,如图 4-3-1 所示。列检属于日常管理工作,在每天收车后进行,具体工艺流程如图 4-3-2 所示,车辆检修工艺流程如图 4-3-3 所示。车辆的修程越高,维修检查项目越精细。

a)车底设备检修

b)车内设备检修

c)车顶设备检修

图 4-3-1 车辆检修

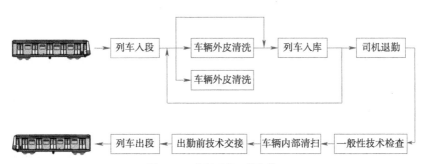

图 4-3-2 车辆日检工艺流程

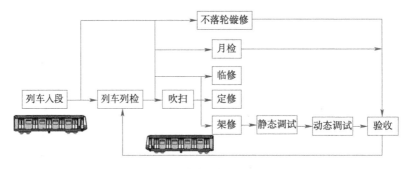

图 4-3-3 车辆检修工艺流程

模块4 城市轨道交通运营管理

2. 供电系统维护检修管理

供电系统管理范围包括 10kV 供电系统、直流牵引系统、架空接触网（接触轨）系统、低压供电系统、电力监控系统、杂散电流防护系统、接地与再生电能吸收装置、区间设备及综合接地网等，其中接触网的维护检修由接触网检修工完成（图 4-3-4）。

供电系统的维护检修修程包括日检、月检、季检、半年检和年检（图 4-3-5）。

3. 通信系统维护检修管理

通信系统维护检修管理的范围包括传输系统、专用无线、公专电话、闭路电视、广播、时钟、通信电源、大屏幕、集中录音设备、集中告警设备等。

图 4-3-4 接触网检修工作业

通信系统的维护检修修程包括月检、季检和年检。通信系统的维护检修工作由通信设备检修工完成（图 4-3-6）。

图 4-3-5 供电系统检修工作业

图 4-3-6 通信设备检修工作业

4. 信号系统维护检修管理

信号系统的维护检修管理范围包括列车自动防护（ATP）系统、列车自动运行（ATO）系统、列车自动监控（ATS）系统、分散控制系统（DCS）、联锁系统和信号电源。

信号系统的维护检修修程包括月检、半年检和年检。车辆段、停车场在管理规定允许的情况下，运营时间可进行设备维护检修工作；正线和车站维护检修工作在非运营时间进行。

5. 机电设备维护检修管理

（1）机电设备的维护检修管理范围包括自动售检票系统、乘客信息系统、环境与设备监控系统、站台门系统、综合监控系统、电梯和自动扶梯系统、通风空调系统、给排水系统和火灾自动报警系统等，不同的机电设备由对应的机电设备检修工完成相应维护检修工作（图 4-3-7）。

（2）机电设备的维护检修修程和要求如下：

自动售检票系统的维护检修修程包括周检、月检、季检、半年检和年检；

图 4-3-7　机电设备检修工

乘客信息系统的维护检修修程包括月检、季检、半年检和年检；

环境与设备监控系统的维护检修修程包括季检、半年检和年检；

站台门系统的维护检修修程包括季检、半年检和年检；

综合监控系统的维护检修修程包括季检和半年检；

电梯和自动扶梯系统维护检修管理由电扶梯设备制造单位或委托、授权相关单位维护维修，特种设备作业人员需具备相应的资格证书。电梯的预防性维护检修参考《电梯、自动扶梯和自动人行道维修规范》(GB/T 18775—2009)执行；

通风空调系统维护检修管理包括隧道通风系统、车站通风系统、空调水系统、多联机及分体空调，通风空调及给排水系统的维护检修修程包括月检、季检、半年检和年检；

给排水系统的维护检修修程包括月检、季检、半年检和年检；

火灾自动报警系统维护检修管理范围包含车站、车辆段、停车场及线路区间的建筑消防设施，从事FAS维护检修工作的单位和人员应具备相应的资质，FAS系统的预防性维护检修参考《建筑消防设施的维护管理》(GB 25201—2010)执行。

6. 安检设备维护检修管理

安检设备维护检修管理范围包括 X 光安检机、台式炸药探测器、台式液体探测器、手持式金属探测设备、手持式液体检测仪、防爆罐、导流立柱和围挡等附属设施。安检设备的维护检修修程包括月检、季检、半年检和年检。

7. 轨道线路维护检修管理

轨道线路维护检修管理范围包含所辖线路沿线隧道、线路和桥梁、轨道等设施的检查、维护和维修工作。

轨道线路维护检修修程包括线路维修（包括综合维修、临时补修、日常维护）、线路中修和线路大修。综合维修不大于2年；临时补修视需要进行；轨道线路日常维护由线路检修工随时进行（图4-3-8）。

三 智能化设备维修管理模式展望

运用信息化的管理模式对城市轨道交通设备维修进行管理是非常有必要的。运用信息化管理可以

图4-3-8 线路检修工作业

实现云储存和备份，并且还可以建立城市轨道交通信息互联网，对于一些容易出现故障的设备进行信息化的管理，一旦发现设备出现异常情况，信息管理系统就会将这一异常情况传输到管理终端，进而在第一时间解决，这样的维修管理不仅提高了设备系统的安全性和可靠性，还解决了以周期性检修为主、较少考虑基础设施的实际运营状态，有效避免了过维修和欠维修现象，从而减少了一定程度的资源浪费。

4.4 城市轨道交通安全管理

城市轨道交通是城市公共交通系统的骨干，是城市综合交通体系的重要组成部分，其安全运行对保障人民群众生命财产安全、维护社会安全稳定具有重要意义。城市轨道交通车站大多位于地下，人员和设备高度集中。在这种特殊环境中，一旦发生较大的安全事故，不仅对运行设备本身，而且对人员的生命和财产安全都会构成巨大的威胁，并造成极大的社会影响。本节将对城市轨道交通安全管理进行讲解。

一 城市轨道交通安全影响因素

城市轨道交通系统是一个庞大复杂、在时间空间上开放的动态系统，运营安全影响因素错综复杂，涉及面广。从系统论的观点出发，与运营安全有关的因素可划分为从业人员、设施设备、环境因素及运营管理四类，这些因素形成一个较大的动态系统，影响着城市轨道交通安全。

1. 从业人员

城市轨道交通安全管理离不开从业人员，从业人员的素质直接关系到城市轨道交通的安全性。从业人员方面的主要影响因素包括：业务素质、安全意识、所受安全教育程度和培训程度、敬业精神及安全操作技能水平等。

2. 设施设备

城市轨道交通系统包含大量的设备设施，系统中任意一部分设备设施出现故障，都可能造成重大的安全事故。设备设施主要来自车辆、线路与轨道结构、电气系统、通信信号系统等。

3. 环境因素

环境因素有自然灾害、人为因素及外部因素等。自然灾害是指给人类生存带来危害或损害人类生活环境的自然现象，包括水灾、地震、雷电等气象灾害；人为因素主要指乘客、沿线居民等对城市轨道交通安全的影响；外部因素主要指停电、火灾等不可预测和不可控制的因素。

4. 运营管理

城市轨道交通运营管理以保证城市轨道交通系统良性运行，改善提高管理效率为根本目的。运营管理是城市轨道交通运营安全的主要保障，与其他影响安全的因素密切联系、相互影响。城市轨道交通运营管理影响运营安全的因素包括：安全检查、安全责任制、人员配备、安全预防和保障、应急体系维修工作及调度工作。

二 城市轨道交通事故

事故是指在运营过程中，因违反规章制度、违反劳动纪律、违反作业纪律或技术纪律、技术不良、设备不良及其他原因造成的人员伤亡、设备损坏、影响正常生产作业或危及安全生产的事件。城市轨道交通事故可按照事故内容、事故程度及性质进行分类。

（1）城市轨道交通事故按其内容分为行车事故、设备事故、职工伤亡事故、火灾和爆炸事故、地外伤亡事故等。

（2）城市轨道交通事故可按照事故的程度和性质进行分级。某城市轨道交通企业将事故分为特别重大事故、重大事故、大事故、险性事故、一般事故，具体划分标准见表4-4-1。

某城市轨道交通企业的事故等级划分标准　　　　表4-4-1

事故等级	危害程度			
	人身伤亡	直接经济损失	车辆破坏	行车事故
特别重大事故	死亡30人及以上	1000万元以上	—	—
重大事故（客运列车）	死亡3人或死亡、重伤5人以上	500万元以上	客车中破1辆	正线行车中断150min以上
重大事故（其他列车）			1. 客车大破1辆或中破2辆； 2. 机车大破1辆或轨道车报废1辆； 3. 车辆报废1辆或车辆大破2辆	
大事故（客运列车）	死亡1~3人或重伤2人	100万~500万	客车小破1辆	正线行车中断90min以上
大事故（其他列车）			1. 客车中破1辆； 2. 机车中破1辆或轨道车大破1辆； 3. 车辆大破1辆	

续上表

事故等级	危害程度			
	人身伤亡	直接经济损失	车辆破坏	行车事故
险性事故	—	—	—	1. 列车冲突、脱轨、分离或运行中重要部件脱落； 2. 列车冒进信号、擅自退行或溜车； 3. 向占用闭塞区段发车； 4. 列车错开车门、夹人走车、开门走车或运行中开启车门； 5. 线路或车辆超限界； 6. 列车发生火灾
一般事故	重伤1~2人	1万元以上	—	1. 调车冲突、脱轨或运行刮坏设备； 2. 挤岔； 3. 错误或未及时开放信号导致列车停车； 4. 行车中断30min； 5. 调度命令漏发、漏传或错发、错传； 6. 列车错开车门、夹人走车、开门走车或运行中开启车门； 7. 线路或车辆超限界

注：危害程度同时满足其中两项或两项以上条件者取最严重的条件作为事故等级划分依据。

三　城市轨道交通应急预案

城市轨道交通应急预案指面对突发事件如自然灾害、重特大事故、环境公害及人为破坏的应急管理、指挥、救援计划等。应急预案形成体系，应针对各级各类可能发生的事

应急预案(一)

应急预案(二)

故和所有危险源制定专项应急预案和现场处置方案,并明确事前、事发、事中、事后的各个过程中相关部门和有关人员的职责等。城市轨道交通的应急预案一般由综合应急预案、专项应急预案、现场处置方案构成。

综合应急预案是从总体上阐述事故的应急方针、政策,厘清应急组织结构及相关应急职责,明晰应急行动、措施和保障等基本要求和程序,是应对各类事故的综合性文件。

专项应急预案是针对具体的事故类别(如行车突发事故、火灾等)、危险源和应急保障而制定的计划或方案,是综合应急预案的组成部分,应按照应急预案的程序和要求组织制定,并作为综合应急预案的附件。专项应急预案应制定明确的救援程序和具体的应急救援措施。

现场处置方案是针对具体的装置、场所或设施、岗位所制定的应急处置措施。现场处置方案应具体、简单、针对性强。现场处置方案应根据风险评估及危险性控制措施逐一编制,做到事故相关人员应知应会,熟练掌握,并通过应急演练,做到迅速反应、正确处置。

总体预案根据突发公共事件的发生过程、性质和机理将突发公共事件分成突发事件类、自然灾害类、公共卫生事件类、社会安全事件类四类,城市轨道交通的应急预案见表4-4-2。

城市轨道交通应急预案列表　　表4-4-2

总体预案	专项应急预案	现场处置方案	总体预案	专项应急预案	现场处置方案
突发事件类	行车突发事件专项应急预案	列车脱轨现场处置方案	突发事件类	行车设备故障事件专项应急预案	列车车门故障现场处置方案
		列车挤岔现场处置方案			列车制动故障现场处置方案
		列车颠覆现场处置方案			列车受电弓故障现场处置方案
		列车冲突现场处置方案			列车车辆脱钩现场处置方案
		列车大部件脱落现场处置方案			列车乘客信息系统(PIS)故障现场处置方案
		列车进入无电区现场处置方案			
		列车冒进信号现场处置方案			列车辅助设备故障现场处置方案
		列车错开车门现场处置方案			
		列车越站通过现场处置方案			站台门故障现场处置方案
		列车反方向运行现场处置方案		工程车突发事件专项应急预案	工程车脱轨现场处置方案
		列车溜逸现场处置方案			工程车挤岔现场处置方案
		列车牵引、推进救援现场处置方案			工程车颠覆现场处置方案
					工程车冲突现场处置方案
		列车退出运行现场处置方案			工程车大部件脱落现场处置方案
		降级运营现场处置方案			
		轨行区发现异物侵界、进入现场处置方案			工程车制动故障现场处置方案
					工程车溜逸现场处置方案

续上表

总体预案	专项应急预案	现场处置方案	总体预案	专项应急预案	现场处置方案
突发事件类	客伤事件专项应急预案	车站发生客伤、客亡事件现场处置方案	突发事件类	客流组织与疏散专项应急预案	列车清客现场处置方案
		列车发生客伤、客亡事件现场处置方案			临时关闭车站现场处置方案
					区间疏散现场处置方案
					车站疏散现场处置方案
		列车撞人现场处置方案			大客流组织现场处置方案
		车门夹人、夹物现场处置方案			控制中心紧急疏散及恢复现场处置方案
		电扶梯伤客现场处置方案			
		直升梯伤客现场处置方案		火灾专项应急预案	列车火灾现场处置方案
	工伤处置专项应急预案	触电事故现场处置方案			轨行区火灾现场处置方案
		高处坠落现场处置方案			车站站厅火灾现场处置方案
		机械伤害现场处置方案			车站站台火灾现场处置方案
		急性中毒现场处置方案			车站设备区火灾现场处置方案
		车辆伤害现场处置方案			办公区域火灾现场处置方案
		中暑现场处置方案			档案、物资库房火灾现场处置方案
		灼烫现场处置方案			人为纵火现场处置方案
	通信信号设备故障专项应急预案	红光带现场处置方案			配电室火灾、爆炸现场处置方案
		转辙机故障现场处置方案			车辆段火灾现场处置方案
		光缆中断现场处置方案		电梯系统故障专项应急预案	直升梯故障现场处置方案
		行车电话中断现场处置方案			自动扶梯故障现场处置方案
		救援通信保障现场处置方案			残疾人升降机故障现场处置方案
	供电设备故障运行专项应急预案	主所退出运行现场处置方案		轨道线路故障专项应急预案	轨道倾斜、起伏现场处置方案
		牵引所退出运行现场处置方案			轨道变形、断裂现场处置方案
		降压所退出运行现场处置方案			线路断轨现场处置方案
		接触网短线现场处置方案			碎石道床线路胀轨现场处置方案
		绝缘子击穿现场处置方案			
		接触网异物现场处置方案			整体道床起拱现场处置方案
		车站大面积停电现场处置方案		公交接驳专项应急预案	公交接驳现场组织方案
		车站一级负荷跳闸现场处置方案			
		不间断电源设备故障现场处置方案			

续上表

总体预案	专项应急预案	现场处置方案	总体预案	专项应急预案	现场处置方案
自然灾害类	防汛专项应急预案	车站站厅进水现场处置方案	社会安全事件类	恐怖袭击专项应急预案	车站发现可疑物品现场处置方案
		车站站台进水现场处置方案			列车发现可疑物品现场处置方案
		车站设备房进水现场处置方案			车站发生毒气袭击现场处置方案
		轨行区进水现场处置方案			
		边坡滑坡、泥石流现场处置方案			
		档案、物资库房进水现场处置方案			列车发生毒气袭击现场处置方案
		车辆段、车场内洪涝现场处置方案			
		地面塌陷、沉降现场处置方案			控制中心发生毒气袭击现场处置方案
		给排水设备故障现场处置方案			
	冰雪、冻雨灾害专项应急预案	轨道、道岔结冰现场处置方案			车站遭受恐怖威胁或袭击现场处置方案
		接触网结冰现场处置方案			
		突发冰雹现场处置方案			列车遭受恐怖袭击现场处置方案
	地震专项应急预案	车站现场处置方案			
		控制中心现场处置方案			控制中心遭受恐怖袭击现场处置方案
		在线列车现场处置方案			
	台风天气专项应急预案	办公区现场处置方案		治安事件专项应急预案	车站发生骚乱、劫持人质现场处置方案
		车辆段现场处置方案			
		车站现场处置方案			列车发生骚乱、劫持人质现场处置方案
公共卫生事件类	疫情防控专项应急预案	车站发现可疑病例现场处置方案			
		列车发现乘客不明原因晕倒现场处置方案			车站发现反动宣传现场处置方案
		员工出现疫情症状现场处置方案			外部发生群体性事件现场处置方案
	食品安全事故专项应急预案	员工食堂发生食品中毒现场处置方案			官方网站遭遇黑客袭击现场处置方案
		食品、饮用水污染现场处置方案			乘客信息系统(PIS)遭遇黑客袭击现场处置方案
		员工出现食物中毒症状现场处置方案			

总体预案按照各类突发公共事件的性质、严重程度、可控性和影响范围等因素将突发公共事件分为四级,即Ⅰ级(特别重大)、Ⅱ级(重大)、Ⅲ级(较大)和Ⅳ级(一般),依次用红色、橙色、黄色和蓝色表示。

四 城市轨道交通安全管理方针与措施

安全生产工作应当以人为本,坚持安全发展,坚持安全第一、防护为主、综合治理的方针。安全是城市轨道交通运营企业的根本和基础,每个运营企业要通过不断努力,建立起自己的安全文化。安全文化对地铁运营人员思想和行为起到了导向、凝聚、激励、约束,是城市轨道交通安全运营的灵魂,它引领了运营安全发展方向。

城市轨道交通运营企业安全管理包括行车安全、客运安全、消防安全、设备安全、施工安全、外环境、综治安全和票务安全八大模块。安全管理的途径与措施主要是运用现代安全管理原理、方法和手段,分析和研究各种不安全因素,从技术上、组织上和管理上采取有力的措施,解决和消除各种不安全因素,防止事故的发生。

具体措施包括:
①建立完善的安全规程,做到安全生产有章可循(图4-4-1、表4-4-3、表4-4-4);
②建立三级安全网络,落实安全生产责任制;
③建立安全检查制度,预防运营事故发生(表4-4-5);例如京港地铁安全检查分为职业健康安全检查、管理检查、作业程序检查、作业场所检查四类,分公司级、部/室级和站/工区级三层检查。
④建立安全培训制度,营造安全文化氛围(图4-4-2);
⑤建立安全考核与奖惩机制,做到安全生产有奖有惩(表4-4-6);
⑥建立应急救援体系,平时加强应急演练,增强应急处置能力;
⑦建立事故处理机制,落实责任追究制度;
⑧建立警地联动机制,共保城市轨道交通一方平安。

某城市轨道交通企业的事故通报流程如图4-4-3所示。

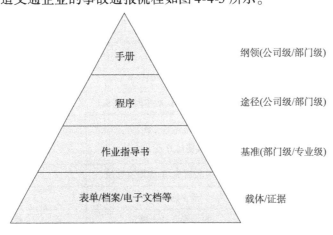

图4-4-1　某地铁安全标准文件构架

某地铁安全管理手册和程序列表　　　　　表 4-4-3

手　　册	
《安全管理手册》《承包商安全管理书册》《固定资产管理手册》等	
程　　序	
安全责任	《安全责任声明和安全责任卡管理办法》等
安全检查/隐患排查	《安全检查管理办法》《危险源辨识、风险评估和控制程序》《环境因素识别、评价及控制程序》《轨道交通控制保护区管理办法》等
教育培训	《安质环培训管理办法》《地铁安全规则训练及考试管理办法》等

某地铁安全管理制度部分列表　　　　　表 4-4-4

主要类别	制　　度
事故处理	《事故通报、调查及处理办法》《运营事件调查及报告提交管理办法》等
安全考核	《安全考核与奖惩管理办法》等
应急管理	《运营突发事件应急管理办法》《运营期突发事件应急公关管理办法》《防汛应急管理办法》《防雪应急管理办法》《突发公共卫生事件应急管理办法》《运营部应急预案演练管理程序》《应急救援物资管理办法》等
特种设备	《特种设备管理办法》等
危化品	《危险品安全管理办法》等
消防	《消防设备使用、管理、维护办法》《消防安全管理规定》《动火作业管理办法》《逐级消防安全责任制度》《消防安全管理规定》等
其他	《劳动防护用品管理程序》《有限空间作业安全管理办法》《工作人员资格管理系统(CQAS)使用管理办法》等

某地铁安全检查计划　　　　　表 4-4-5

检查项目	频率要求	实施主体
公司级安全检查	联合检查:每季一次; 专项检查:根据情况	公司联合
专项检查	结合季节、节假日、敏感时期等而定	公司联合
车站/OCC/乘务/工程领域检查	车站每月4次; 其他每月各1次	安全质量部
职业安全检查(车辆段、停车场)	每年覆盖所有场/库所有区域	安全质量部
各站/工区管理检查	至少每月1次	各站/工区
作业场所/工序检查	根据专业特点确定	对应专业

模块4　城市轨道交通运营管理

图 4-4-2　某地铁安全文化宣传

某地铁安全生产教育培训要求　　　表 4-4-6

培训对象	培训级别	培训主要内容 （包括但不限于以下）	学时	考核形式	合格要求
所有员工	公司级	国家安全生产法规标准； 公司的安全管理体系、方针政策、安全生产规章制度、劳动纪律及风险管理； 安全生产和职业卫生的基本知识（防机械伤害、安全用电、防火防爆、防尘防毒、急救、危险因素、应急预案等）； 个人防护用品的性能和使用方法； 消防安全； 安全生产正反方面的经验和教训，重大事故安全案例教训等	4	笔试	满分
运营部员工	部门级	参加基础安全资格培训并考试合格	4	笔试	满分
运营部员工	班组级	室/班组内的安全生产作业特点、注意事项、有关工作指引； 作业场所存在的风险、危险因素分布、安全通道、应急预案内容； 作业环境中安全警示标志、消防设施位置； 岗位可能发生伤害事故的各种危险源及危险部位； 本岗位涉及的安全装置、设施的使用方法等	32	笔试	满分
其他部门员工	部门级 班组级	比照运营部员工班组级培训内容进行，工作涉及进入车站、运营禁区的，由经理确认后为其申请获取相应地铁安全资格	36	笔试	满分

城市轨道交通安全防范十分重要，如果安全防范工作没有做好，轻则会扰乱运输生产秩序，重则会造成设备受损甚至危及乘客的生命财产安全，给社会带来重大损失。从企业角度来讲，安全是实现效益的保证，抓好了安全，运输生产才不致因事故而中断，才能保证生产过程的连续性，不断提高生产的效率和效益；从社会角度来讲，城市轨道交通的运输安全涉及城市各行各业的活动，涉及千家万户的日常生活，因而直接关系到城市社会经济的发展，有时甚至涉及政治的稳定。可以说，安全是城市轨道交通运营管理的头等大事，运输必须安全，只有安全才能保障运输。安全运营是城市轨

道运输企业永恒的主题。

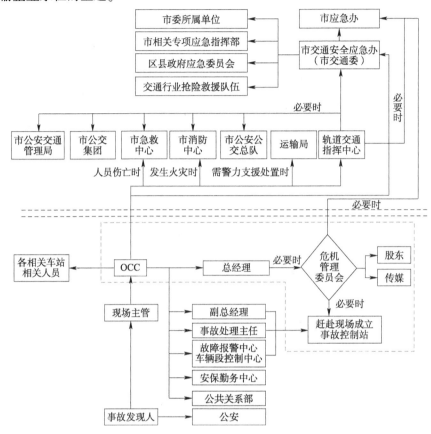

图 4-4-3 某城市轨道交通企业的事故通报流程图

参考文献

[1] 李建国.图解城市轨道交通[M].北京:机械工业出版社,2016.
[2] 广州市地下铁道总公司.城市轨道交通概论[M].北京:中国劳动社会保障出版社,2009.
[3] 阎国强.城市轨道交通概论[M].3版.北京:人民交通出版社股份有限公司,2021.
[4] 邱志华.城市轨道交通车辆构造[M].2版.北京:人民交通出版社股份有限公司,2020.
[5] 慕威.城市轨道交通运营组织[M].2版.北京:人民交通出版社股份有限公司,2021.
[6] 广州地铁集团有限公司.地铁是怎样运营的[M].广州:南方出版传媒新世纪出版社,2016.
[7] 广州地铁集团有限公司.地铁是怎样设计的[M].广州:南方出版传媒新世纪出版社,2016.
[8] 广州地铁集团有限公司.地铁是怎样建成的[M].广州:南方出版传媒新世纪出版社,2016.
[9] 毛保华.城市轨道交通规划与设计[M].3版.北京:人民交通出版社股份有限公司,2020.
[10] 中华人民共和国行业标准.城市公共交通分类标准:CJJ/T 114—2007[S].北京:中国建筑工业出版社,2007.
[11] 中华人民共和国国家标准.地铁设计规范:GB 50157—2013[S].北京:中国建筑工业出版社,2014.

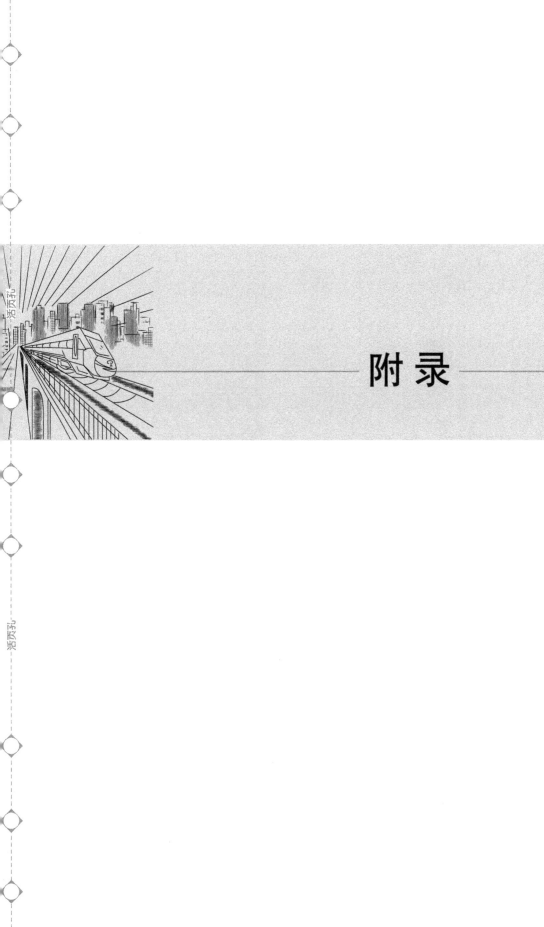

附录1　模块1学习任务单

> **任务实施**

(1)列举城市轨道交通系统类型。

(2)简要列出地铁系统、轻轨系统、有轨电车的代表线路。

(3)简要列出地铁系统、轻轨系统、有轨电车的技术特征。

(4)调研城市轨道交通系统。
①选取你所熟悉的城市进行调研,填写附表1-1。

模块1任务实施(一)　　　　　　　　　　　　　　　　　　附表1-1

所调研的城市			
城市轨道交通类型			
类型	线路名称	开通年份	里程
总里程			
全国排名			

②列举世界范围内不同城市轨道交通类型的线路概况。

模块 1 任务实施（二）　　　　　　　　　　　　　附表 1-2

序 号	类 型	线 路 概 况
1	地铁系统	
2	轻轨系统	
3	单轨系统	
4	有轨电车系统	
5	磁浮系统	
6	自动导向轨道系统	
7	市域快速轨道系统	

③选取某城市轨道交通系统，介绍其发展历程，进行小组汇报。

任务评价

请填写附表 1-3，对学习效果进行评价，评价结果采用等级表示（可填写优、良、中、不及格）。

模块 1 任务评价　　　　　　　　　　　　　附表 1-3

评价项目	表达能力	沟通能力	团队合作能力	实际操作能力	知识掌握能力
评价结果					

学习小结

指导教师评语：

学习者姓名、学号、班级：

指导教师签字：

附录2　模块2学习任务单

任务实施

(1)列出城市轨道交通线路从规划到运行经历的阶段。

(2)列出城市轨道交通最常见、最基本的线网结构类型。

(3)列出城市轨道交通车站的施工方法。

(4)列出城市轨道交通区间的施工方法。

(5)调研某城市轨道交通系统施工建设情况。
调研城市：_____　　首条线路开通时间：_____
线路名称：_____　　线路敷设方式：_____
线路施工方法：_____

任务评价

请填写附表2-1,对学习效果进行评价,评价结果采用等级表示(可填写优、良、中、不及格)。

模块2任务评价　　　　　　　　　　　　　　　　附表2-1

评价项目	表达能力	沟通能力	团队合作能力	实际操作能力	知识掌握能力
评价结果					

学习小结

指导教师评语：

学习者姓名、学号、班级：

指导教师签字：

附录3　模块3学习任务单(一)

任务实施

(1) 简要说出城市轨道交通线路的类型及特点。

(2) 简要说出城市轨道交通各种折返方式的优缺点。

(3) 简要说出城市轨道交通道岔的结构。

(4) 列出城市轨道交通线路结构。

(5) 列出车辆段的线路类型。

(6) 画出站前折返与站后折返示意图。

(7)画出普通单开道岔结构图,并在图上标出以下设备的位置:①基本轨;②尖轨;③转辙机;④导曲线轨;⑤连接轨;⑥护轨;⑦翼轨;⑧辙叉心;⑨有害空间。

任务评价

请填写附表3-1,对学习效果进行评价,评价结果采用等级表示(可填写优、良、中、不及格)。

模块3 任务评价 附表3-1

评价项目	表达能力	沟通能力	团队合作能力	实际操作能力	知识掌握能力
评价结果					

学习小结

指导教师评语:

学习者姓名、学号、班级:

指导教师签字:

附录4　模块3学习任务单(二)

任务实施

(1)简要列出车站的类型及作用。

(2)简要列出车站的布局机构及设备名称。

(3)简要列出站台的结构类型。

(4)调研城市轨道交通车站,填写附表4-1。

附表4-1

车站类型				
□地面车站　□地下车站　□高架车站 □终点站　□中间站　□换乘站　□区域站				
车站用房				
序号	名称	位置	功能	类型
1				□设备用房 □运营管理用房 □辅助用房
2				□设备用房 □运营管理用房 □辅助用房
3				□设备用房 □运营管理用房 □辅助用房
4				□设备用房 □运营管理用房 □辅助用房

续上表

<table>
<tr><th colspan="5">车站用房</th></tr>
<tr><th>序号</th><th>名称</th><th>位置</th><th>功能</th><th>类型</th></tr>
<tr><td>5</td><td></td><td></td><td></td><td>□设备用房
□运营管理用房
□辅助用房</td></tr>
<tr><td colspan="5">画出岛式站台与侧式站台示意图</td></tr>
</table>

<table>
<tr><th colspan="4">车站设备</th></tr>
<tr><th>序号</th><th>设备名称</th><th>位置</th><th>功能</th></tr>
<tr><td></td><td></td><td></td><td></td></tr>
<tr><td></td><td></td><td></td><td></td></tr>
<tr><td></td><td></td><td></td><td></td></tr>
</table>

任务评价

请填写附表 4-2,对学习效果进行评价,评价结果采用等级表示(可填写优、良、中、不及格)。

模块 4 任务评价　　　　　　　　　　　　　附表 4-2

评价项目	表达能力	沟通能力	团队合作能力	实际操作能力	知识掌握能力
评价结果					

学习小结

指导教师评语:

学习者姓名、学号、班级:

指导教师签字:

附录5　模块3学习任务单(三)

任务实施

进行任务实施前,需要满足标准作业着装(安全帽、安全鞋和工作服等)要求。

(1) 调研城市轨道交通车辆及其设备,填写附表5-1。

调研城市轨道交通车辆及其设备　　　　　附表5-1

城市轨道交通车辆					
序号	名称	技术参数	序号	名称	技术参数
1	列车长度		6	转向架中心距	
2	车辆宽度		7	车辆中心高度(客室净高)	
3	车辆高度(不含受电弓)		8	最高运行速度	
4	轴距		9	车钩距轨面高度	
5	车轮直径		10	轴重(AW2)	
城市轨道交通车辆设备					
序号	设备名称	作用	位置		
1	空调		□车内	□车顶	□车底
2	转向架		□车内	□车顶	□车底
3	蓄电池		□车内	□车顶	□车底
4	制动装置		□车内	□车顶	□车底
5	驾驶台		□车内	□车顶	□车底
6	车门		□车内	□车顶	□车底
7	轮对		□车内	□车顶	□车底
8	牵引电机		□车内	□车顶	□车底
9	乘客座椅、扶手		□车内	□车顶	□车底
10	车钩缓冲装置		□车内	□车顶	□车底
11	空气压缩机		□车内	□车顶	□车底

(2) 查找资料,列出主要的城市轨道交通车辆生产企业。

(3)查找资料,填写以下城市轨道交通车辆编组含义。

"=Mcp*T=T*M=T*Mcp="代表:_____

"-A*B*C=C*B*A-"代表:_____

任务评价

请填写附表5-2,对学习效果进行评价,评价结果采用等级表示(可填写优、良、中、不及格)。

模块5 任务评价　　　　　　　　　　　　　　附表5-2

评价项目	表达能力	沟通能力	团队合作能力	实际操作能力	知识掌握能力
评价结果					

学习小结

指导教师评语:

学习者姓名、学号、班级:

指导教师签字:

附录6　模块3学习任务单(四)

任务实施

进行任务实施前,需要满足标准作业着装(安全帽、安全鞋和工作服等)要求。
(1)写出下列线路标志的名称。

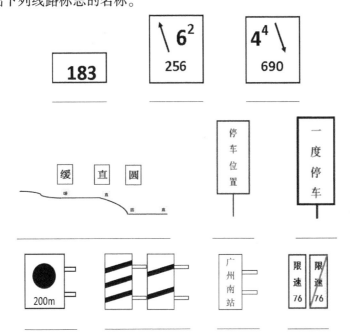

(2)列举基本信号设备。

(3)根据以下车载信号屏的显示,判断当前车辆状态。

该列车目前的驾驶模式:＿＿＿＿　　　　当前列车控制级别:＿＿＿＿

车辆 ATP 状态信息：_____　　　　无线通信状态：_____

(4) 列出闭塞的类型。

(5) 查询资料，列举国内城市轨道交通线路信号系统名称及生产企业，填写附表 6-1。

信号系统调研表　　　　　　　　　　　　　　　　　附表 6-1

线 路 名 称	信号系统名称	企　　业

任务评价

请填写附表 6-2，对学习效果进行评价，评价结果采用等级表示（可填写优、良、中、不及格）。

模块 6 任务评价　　　　　　　　　　　　　　　　　附表 6-2

评价项目	表达能力	沟通能力	团队合作能力	实际操作能力	知识掌握能力
评价结果					

学习小结

指导教师评语：

学习者姓名、学号、班级：

指导教师签字：

附录7　模块3学习任务单(五)

任务实施

(1)列出城市轨道交通通信系统的组成。

(2)识别以下通信设备并填写名称。

_____　　_____

_____　　_____

_____　　_____

(3)查找资料,填写紧急报警器操作方法。

第一步:翻开紧急报警器面板上的红色按钮保护盖;紧急报警器"呼叫"指示灯_____(亮/灭/闪烁);驾驶室广播控制盒"PC"指示灯_____(亮/灭/闪烁),报警提示音_____(响/不响)。

第二步:按下"_____"(PTT/PC/VOL/PA)按钮接通报警器,报警器提示音_____(响/不响),紧急报警器_____(呼叫/讲/听),指示灯_____(亮/灭/闪烁),乘客可与司机对讲。

第三步:按住"_____"(PTT/PC/VOL/PA)按钮,可对乘客进行通话,松开"_____"(PTT/PC/VOL/PA)按钮,司机可以收听乘客语音。

第四步:按下广播控制盒"_____"(PTT/PC/VOL/PA)按钮,结束对话。

任务评价

请填写附表7-1,对学习效果进行评价,评价结果采用等级表示(可填写优、良、中、不及格)。

模块7 任务评价 附表7-1

评价项目	表达能力	沟通能力	团队合作能力	实际操作能力	知识掌握能力
评价结果					

学习小结

指导教师评语:

学习者姓名、学号、班级:

指导教师签字:

附录8 缩略语对照表

序号	英文缩略语名称	中文名称
1	AFC	自动售检票
2	AG	自动检票机
3	AGT	自动导向轨道
4	ATC	列车自动控制
5	ATO	列车自动运行/列车自动驾驶
6	AP	无线接入点
7	APM	旅客自动捷运
8	ATP	列车自动防护
9	ATS	列车自动监控
10	AX	电源插座箱
11	BAS	环境与设备监控系统
12	BOM	半自动售票机
13	CBTC	基于通信的列车控制
14	CRT	重庆轨道交通
15	CCTV	闭路电视/视频监控系统
16	DDC	车辆段(或停车场、车辆基地)控制中心
17	DCS	分散控制系统
18	EPS	紧急电力供给
19	FAS	火灾自动报警系统
20	GPS	全球定位系统
21	IBP	综合后备盘
22	IC	集成电路
23	ICT	信息与通信技术
24	ISCS	综合监控系统
25	IGBT	绝缘栅双极晶体管
26	LCB	线路控制块/就地控制盒
27	MCP	带驾驶室和受电弓的动车
28	MCS	主控系统

续上表

序号	英文缩略语名称	中文名称
29	MMI	人机界面
30	OCC	运营控制中心
31	PIS	乘客信息系统
32	PLC	可编程逻辑控制器
33	PSL	端头控制盒
34	RM	授控(ATP)人工驾驶模式
35	SCADA	电力监控
36	TCM	自动查询机
37	TVM	自动售票机
38	UPS	不间断电源
39	VOBC	车载控制器
40	ZC	区域控制

注：本表仅列出重点英文缩略语的中文名称。